CRÉATIVITÉ

C
R
E
A
T
I
V
I
T
Y

Un recueil / A collection
Dirigé par/ Directed by Françoise Issaly

INTRODUCTION

Il y a maintenant plus de deux ans, j'ai été invitée à participer à une rencontre entre personnes publiant des livres.

La rencontre était informative et agréable, style brunch dans un bel hôtel du Vieux-Montréal, et elle fut surtout inspirante.

Écoutant toutes ces personnes partager leurs projets d'éditions, l'idée d'un collectif m'est soudain apparue comme une évidence; oui, un recueil de textes, une réflexion sur un sujet donné; de plusieurs points de vue…. Plusieurs perspectives.

Et c'est ainsi que ce recueil a commencé à voir le jour.

Initialement, je pensais que le projet prendrait quelques mois à peine pour se mettre en place, et que rapidement, si je m'y prenais bien, je pourrais avoir les textes, images et tous les détails réglés avant le printemps (nous étions en automne 2012). Je savais que tenter de rassembler un ensemble de textes écrits par différents auteurs ne pouvait que compliquer les choses, mais je ne pensais pas que cela soit si difficile, et surtout, je ne prenais pas en compte mon propre emploi du temps… autrement dit, ma propre capacité à gérer chacun des aspects de la publication en plus de mes occupations habituelles.

Finalement, ce n'est que plus de deux ans plus tard, avec des hauts et des bas, des abandons, de nouvelles invitations, des refus et combien d'autres choses, que je vois enfin ce recueil prendre forme. Il prend forme sous mes yeux... et au moment où j'écris, je suis encore la seule à en connaître le contenu. Les auteurs sont encore inconnus les uns aux autres, et dans quelques jours, ils pourront découvrir la première version non éditée de leur texte et de celui des autres.

Lorsque j'ai créé ma maison d'édition en 2009, je ne pensais au départ, qu'à donner une tribune à mes propres projets. Six ans plus tard, je me réjouis de pouvoir accueillir plusieurs autres artistes sous ma modeste ombrelle.

Je sais que ce n'est qu'un début, et que, si je le pouvais, je me dédoublerais afin de pouvoir me consacrer encore plus à l'écriture et à l'édition.

En attendant, je suis heureuse de vous présenter ces artistes, auteurs, chanteurs, modèles, écrivains, chercheurs, et de leur donner une place pour s'exprimer.

Leur réflexion sur la créativité est tour à tour personnelle, délirante, philosophique, presque scientifique, poétique, mais toujours profonde et unique.

Ce recueil est volontairement bilingue, et le restera. Je voulais donner une plateforme aux deux langues, mais aussi matière à réflexion sur le bilinguisme, sur la notion d'identité culturelle et intellectuelle.

All of the authors I invited are people I love and admire either because of their work or their philosophy, or both. I am proud to know such wonderful people, and I am looking forward to do other projects with them.

Two things were important to me in this process: first to invite both English and French speaking authors and keep their text untranslated, second I wanted to have a wide range of perspectives, not just the point of view of artists in the general sense of it. I wanted to bring another angle to that concept. Somewhere I think life is the ultimate artwork. And each of us is working on making it our own creation. Our creativity shows in every aspect of our life, whether we are artists or not and that capacity to renew our way of thinking is manifesting itself in unsuspected ways.

It was a wonderful process, and I feel a great accomplishment as I see this collection taking shape, and soon available to the public.

I want to thank all the authors who agreed to participate in this project, because I know how hard it is to write a text, on demand, and to submit it, and then never hear about it again for months, even years. I want to thank you all for having faith in my project, in the process and for being amazing.

I never dreamed I would be a publisher; it felt so unattainable; I am still amazed at the process. But look, here it is! This is the type of thing that is bigger than real. I imagined it, dreamed it, and made it happen. I do believe in our power to make things happen, individually and as a whole. Creativity is a lot about that. Making it happen; finding ways to make it happen; let it be, and be the tool for it.

I am giving you this book, and hope you will enjoy it as much as I enjoyed working on it.

Creativity is on its way.

Françoise Issaly
Février 2015

Diplômée de l'université Paul Valéry à Montpellier, et de l'université Michel de Montaigne à Bordeaux en France, où elle a obtenu un DEUG en Arts plastiques mention ISAV, une Licence puis une Maitrise en Arts plastiques option Peinture, suivi d'un D.E.A. avec mention en Communication Arts et spectacles, Francoise Issaly a fait 3 ans de recherche pour sa Thèse de Doctorat avant de décider de partir pour le Québec en 1993.

Depuis plus de 20 ans elle s'implique dans les Arts Visuels en tant qu'artiste professionnelle (membre du RAAV depuis 1996, membre de la SODRAC, et enregistrée à ARTEXTE), en tant qu'enseignante (au niveau secondaire en France, puis au Centre des Arts Visuels, à l'Université de Montréal, et au Musée des Beaux-arts de Montréal), et depuis 2009 en tant qu'éditrice de sa propre maison d'éditions, les Éditions FrI, consacrée aux livres d'artistes.

Elle a à son actif plus d'une quarantaine d'expositions solo et de groupe au Québec, aux États-Unis (Maryland et Californie) ainsi qu'en Europe (France et Allemagne) et en Malaisie (Langkawi Art Biennal). Son travail fait partie de l'Artothèque de Montréal depuis de nombreuses années, et on retrouve ses œuvres dans de nombreuses collections privées (Allemagne, France, Espagne, Etats-Unis, Canada…).

En 2014, Le Vermont Studio Center l'a accueillie pour une résidence, elle a été invitée à participer à la première Langkawi Art Biennial en Malaisie et a récemment reçu le Prix Femmes en Affaires 2014 pour sa contribution au monde de l'art.

Eric Bolduc

Gaëlle Campos-Béragne

Joëlle Circé

Christine Comeau

Cha Cha da Vinci

Simon Duplessis

Pamela Grau

Pierre Issalys

Kako

Emmanuel Laflamme

Elvira Laskowski-Caujolle

Jimmy Leslie

Izabella Marengo

David Merk

Yemisi Oyeniyi

Jon Shaw

Olivier Stroh

Michele Theberge

ERIC BOLDUC

LA CREATIVITE

L'esprit ne se repose jamais. Puisant sa force à même une source intarissable, il ne requiert aucune réparation, n'a besoin d'aucune compensation pour son activité. La créativité, une manifestation de l'esprit, se trouve potentiellement en toute chose, rien ne lui est imperméable. La créativité pourrait correspondre au désir de connaitre – elle nous insuffle le courage d'aller à la rencontre de ce qu'on ne connait pas. La créativité nous fait découvrir l'extraordinaire avec ce qu'on a – tout ce qui se présente – elle nous fait « composer avec ». De l'extérieur, elle peut sembler capricieuse, exiger plein d'espace, toutes sortes de libertés et autres luxes hors de notre portée. Elle peut au contraire surgir de partout et à tout instant. Elle foisonne face aux contingences et aux obstacles rencontrés en chemin. À l'instar de certaines fleurs à l'allure délicate, elle peut même éclore dans la détresse. La nécessité n'est-elle pas mère de l'invention ? Aussi, la créativité peut venir à la rescousse dans nos moments lumineux comme dans ceux les plus sombres.

Il n'est toutefois pas obligatoire de se restreindre et de se confiner dans les règles et les convenances pour jouir de ses bienfaits. Nous pouvons aussi l'inviter doucement, lui emménager un peu plus d'espace – elle en fera bon usage et nous le rendra au centuple. Avec ce brin d'ouverture, la créativité surgit et nous aide à faire abstraction de nos peurs, elle nous aide à voir à travers ces écrans de fumée fabriqués de toutes pièces. Elle nous soutient alors qu'on ose sortir de nos propres sentiers battus comme de ceux que nous empruntons aux autres.

La créativité s'exprime de 100,000 façons, ses visages sont innombrables : inspiration, attention, concentration, liberté, vivacité, flo, changement, détente, originalité, curiosité, ouverture, réception, lecture, pensée non-linéaire, momentum, punctum, zen, canalisation, divination, intuition, mystique, aptitude, potentiel, pulsions, regard, observation, recul, interprétation, traduction, audace, humilité, présence, intelligence, état second, abandon, croyance, espoir, vibration, instruction, non-dualisme, écho, collage, candeur, innocence, non-violence, vide, mystère, inconscient, subconscient, exotisme, introversion, gestation, ombre, nuance, variation, activité, silence ...

La créativité nous aide à bondir au niveau quantique, de nous défaire – ne serait-ce que momentanément – de la force de gravité qui nous ramène inéluctablement au sol, dans nos préoccupations mondaines et de survie matérielle. Elle nous catapulte dans le monde magique de la création et du même coup nous fait renaitre à la vie.

Éric Bolduc vit et travaille à Montréal depuis 1998. Artiste et auteur, il remplit des cahiers de dessins contemplatifs, étudiant l'anatomie spirituelle, tout spécialement les chakras, centres d'énergie subtile des traditions hindoue et tibétaine. La copie d'illustrations de déités en posture de méditation fait partie intégrante de son processus. Il détient un baccalauréat en arts visuels et une mineure en philosophie de l'Université d'Ottawa, ainsi qu'une formation en gestion de projet de HEC Montréal.

Éric est surtout connu en tant que travailleur culturel. Passionné de communications, de croissance personnelle et généraliste dans l'âme, Éric offre des consultations en communications et médias sociaux, en coaching pour artistes, ainsi qu'un service de courtage auprès de particuliers qui désirent faire l'achat d'œuvres d'art contemporain.

C'est en 2006 qu'Éric commence à tisser un réseau de collaborateurs avec son blog *ratsdeville*, un webzine hebdomadaire qui diffuse l'actualité des arts visuels de Montréal. De passage à l'*AGAC* à titre de coordonateur des évènements, où il participe à monter la première édition de la foire *PAPIER* (2007), il devient ensuite responsable de la publicité, de la promotion et des abonnements pour le magazine *Ciel variable* (2007 à ce jour), puis collabore au magazine *Décover* (2009 à 2014). Il a publié un premier livre *Les chroniques du Honduras* aux *Éditions Fri* (2011) et s'apprête à publier *L'antépisode mexicain*. Commissaire à ses heures, il a organisé l'exposition *Modèle Behaviour* à la galerie *Pangée* (2007), l'exposition *Réflexion* à la galerie *Visual* Voice (2007) et mené la campagne de levée de fonds *l'art contemporain au profit d'Amnistie internationale* au centre *Eastern Bloc* (2009 et 2010). Il a participé aux jurys de *Bénévotemps* (2013) et de *L'art du style* (2014). Il a offert une formation en communications et médias sociaux pour artistes dans le cadre de la série *Artlab 360°* de la galerie *Visual Voice* (2013). Dernièrement, Éric poursuit des projets de diffusion, comme *ART MTL 100*, pamphlet présentant les pratiques de cent artistes montréalais – une activité de sociofinancement sur la plateforme *Kickstarter* ; il anime aussi deux séries web-télé, *ratsdeville@québec* (2014) et *ratsdeville@montréal* (2015), en co-production avec *L'Arcade Studio transmédia* et en co-diffusion avec *Bell Local*.

GAËLLE CAMPOS-BERAGNE

THE UNICORN IN THE ROOM

1. Don't be humble (You're not that great).

When I first started performing people began to ask me about songwriting. It always made me feel like somewhat of a fraud. I told them that I didn't really know, that it just... happened. At the time I didn't realize that while I was trying to communicate how *humbled* the process of writing made me, I was really doing just the opposite. I talked about creativity as if it were triggered by some kind of magic, a gift from the gods. Of course, the feedback I got from those conversations was a mixture of disappointment and over-the-top admiration. People resented me for not giving them the "Big Secret to Art" but then they also tended to envy me because I acted as if I was some kind of magical musical unicorn.

It was a bad situation.

And then one day someone told me something that made me question everything. They said: "Don't be humble; you're not that great"*. That's when I got it. I'm no genius; I am not blinded by some divine light that tells me what to write. I don't stand out of the crowd, elevated by my prodigious mind. I'm not fabulous, mama.

All there is to talk about is the work.

2. Being an artist (So it begins)

Through endless nights discussing with friends, colleagues and other lost souls, I had already figured that I didn't completely believe in art with a capital A. "Art" was just too sacred, exclusive. It sounded like a slightly alarming concept that I suspected had been invented to scare little kids. "Being an artist" was more tangible. It was something that I could more easily grasp. It was within my reach.

To me, being an artist is like walking around with one of those sonar things we see in submarine movies. I like to think that we are permanently probing the world around us, staring at strange people, strange cities. A dialogue that stems from our own existence. Some of the sonar waves are lost forever, but others bounce back like echoes. This means getting inspired, and to me it's half the work. And if I can do it, anybody can.

With time, you start noticing recurring themes in the thoughts that the world sends back to you. Those themes stick because they are just in the right frequency, your frequency. *It's like they love you back.* You can't ignore them because they stay with you. And even when you don't see the path right away, be assured that it's just waiting for the right time to show itself.

It's bound to jump in your face while you are in the shower.

3. The Shit Test (Choices)

So now that you're more open, you're used to recognizing the echoes, your inspirational tools. Write them down. Write everything down, record, paint, take a picture, just don't let them sit too long in your head, or they'll turn! Ultimately, that is not where they belong. I personally like to surround myself with physical representations of my influences and ideas. They're important and deserve a temple. These inspirational objects are very personal, very fragile, and that's okay. But they also need to be able to exist on their own out there. So if you see that an idea tends to collapse on itself while it's still hanging on a wall or in your notcbook, forgct about it, it's no good.

Bluntly put: if it's not a hit, it's shit. And if it really is too hard for you to let go of it right now, put it in a "shit folder". It will probably still be bad in a few months, but getting rid of it won't bother you as much.

4. Things are about to get real (The work)

By now you're left with the good stuff, and you can begin to do the work. You might have realized that your ideas kind of make sense together, because those various themes are all linked to you. You can connect the dots and see that some ideas go well together and others are loners. The important thing is that now the ideas that you first thought were so amazing and celestial have lost their glow. That's a good thing. You can now manipulate them, as you would real matter. They are tangible and they are tough, having passed the "Shit Test".

At this point everybody has different ways of working, and it's not glamorous: some assemble ideas, others mix and match, some people dig deeper until they find the core and start over from there. There are rituals, habits, codes, savoir-faire, style. There is routine, silence, guilt, procrastination, deadlines, sleep -- or lack thereof.

I like to try fitting lyrics to different melodies and tweak them until it works. It isn't always comfortable, and sometimes I wish I didn't have to manipulate so much the original ideas. But unfortunately in my case the songs I have written quickly and in a state of *artistic trance* always suck.

5. In the end (Kill the unicorn)

Creativity used to be a mystery for me, like some kind of wizardry. I thought that any rational explanation would (God forbid) kill the magic of it. I now realize that you have to let go of that illusion of magic. There's no use for you to be amazed by what you do. You need to be inspired by it, but not intrigued. There is nothing out there except the dialogue between you and the world, so you can't afford to get distracted by the pretty lights.

After all, let's face it: no one ever got anything done with a unicorn in the room.

Gaëlle Campos Béragne est née au Portugal en 1984. Elle grandit aux Açores, dans une famille passionnée de musique et de voile. Avant d'émigrer à Montréal, à 6 ans, elle montre déjà un intérêt prononcé pour les arts de la scène, et dès son arrivée au Québec elle pratique chant, danse et piano. Très impliquée dans les activités parascolaires, elle participe à tous les spectacles, chorales, pièces de théatre qu'elle trouve, en perfectionnant en parallèle sont talent musical avec une foule de cours privés, théoriques et pratiques. À l'adolescence, Gaëlle se tourne vers le théâtre et le cinéma, et fait ses études au Collège Jean-de-Brébeuf. Après quelques expériences de choriste dans des groupes rock elle commence à écrire ses propres chansons, inspirées en partie par ses voyages, explorant les thèmes de la liberté, de la perte, et de la fatalité. C'est à ce moment qu'elle rencontre Alexandre Magne, qui deviendra son fidèle compagnon de composition. Ensemble, ils fondent en 2007 le groupe de musique Whywhynot. Ils se démarquent rapidement à Montréal avec des mélodies accrocheuses et des arrangements de qualité. Après avoir réalisé une première maquette, *Crab Dinner*, ils entreprennent de visiter plusieurs établissements de Montréal dans une série de plus de 50 performances. Ils retournent en studio en 2008 pour produire leur premier EP de six titres, *The Tiny Museum*, qui recoit un bel accueil chez les fans, et qui leur permet de jouer dans des salles plus grandes, ainsi que dans des festivals et concours. Finalistes nationaux d'Emergenza et lauréats du Prix Pro-Scène de Ckoi, ils retournent une fois de plus en studio pour enregistrer une nouvelle série de EPs, Wildcards. Ils finissent leur aventure avec Whywhynot en 2013 en lançant *Wildcards Part 1: The Devil et*

Wildcards Part 2: The Tower. Gaëlle Campos Béragne travaille en ce moment sur plusieurs projets musicaux, dont un album de musique rock pour enfants avec son band "Dégueu ça pue" et un groupe anglophone de pop nocturne, "Sleepless Kids" qui devrait sortir un premier opus à la fin 2015.

Elle espère toujours se découvrir un talent caché pour le ukulele.

JOËLLE CIRCE

THE CREATIVE PROCESS AND ME

I ponder this a lot, I used to think I wasn't a very creative artist thanks in part to a background inlaid with naysayers, discouragement, indifference and eventually, my very own intense self-doubt about my creativity. So, I figured the best way for me to demonstrate to those who kept telling me how nice my drawings and paintings were but that this pursuit would not amount to much of anything and that I would be better served finding and keeping a real job, was to learn all I could about drawing and painting and become real good technically. I thought for sure this would help explain my love for what I do, it did, a bit, but not really as they continued to see this more like a hobby / pass time than the very real and professional activity it truly was. This was terribly hurtful and came close to discouraging me on many occasions, but it didn't.

Still, for the longest time, I saw myself as a smart person and pretty good artist when it came to techniques, I could draw with the best and paint in a variety of styles if I wished to, could work in impasto or glazes and even combine both plus allowing for unfinished, wash type effects all in one piece. I felt somewhat vindicated but still quite empty as this was but a part of what I knew I should, could be.

Now, it turned out that what I was wanting to be, I already was but it was smothered under layers of fear and doubt and I could't see beyond the broken shards of a very fragile ego.

Like I mentioned above, I have been pondering this quite a bit and for some time, even having conversations on creativity with friends. I think that I needed a good and continuous degree of validation about my art (which I have received for the past few years now) in order for me to start seeing what I do as being in fact, creative.

Yes, I am creative, there I've said it out loud and claiming this aspect of me. It took me a while to own this, I was afraid of not being right, of being anything but creative. And then, I began looking back on my career, of the art I've created and even in the most drab pieces from the past, I can now see my creativity at work, even when I was sure this wasn't so.

Yes, it is a process, one born from intelligence, observation, processing information, comparing and counter-imagining. Even having gone to school to learn techniques is part of my artistic process as it comes into play when I work out compositions, scenes, messages and so on. It is, after all, upon these foundations, that my ideas are born and take flight.

Sometimes, ideas come to me seemingly out of the blue or after a conversation or from reading a book, thing is, I then take it in and play with it, questioning my knowledge of a given topic or subject matter, ruminating the possibilities. Sometimes an idea will be with me for months, even years but often they spring forth, ready for the canvas. Once I've figured out what it is I want to do, I go all out, become a little manic about it and wanting to do it immediately. In some occasions, I can have many ideas in the same period of time and see myself taking on a few pieces at the same time, that can be wonderful as well as very demanding as I then jump from topic to topic in a small period and can even feel as though I need to work on this painting but cannot delay that other one either. There are worse situations to face in life.

When working out the composition for a scene, I need to see where it's basic idea will lead me, will it be good, will it be understood. I go through a lot of working out what will be good and what won't be and then of course, I continue working on paper or canvas. I have come to realize that even my choices are creatively conceived and issue forth from who I am, my universe and the topics I am most interested in. I really think that it's through my working on painting and drawings dedicated to women that I was finally able to understand my art as being creative.

Naturally, I still don't know beyond the shadow of a doubt if what I've undertaken as the main theme for all my art is very original, though it is to me. My fascination with the lives of women, our issues and concerns, of the queer component and the erotic will likely be front and center until I'm done.

Artists get a bad rap as being unstable, unreliable, irresponsible and so on, and in past times, often being locked up in mental institutions because they seemed so different from everyone else. Personally, I just think this is something you get when others fear and don't know how to deal with you. It's happened so many times in the past, that examples are easy to find.

I am an eccentric, I tend to deviate from established norms, I'm an atheist, my thoughts are not in the everyday convention, and yes, I'm a Queer woman. I have little to no concern about what is considered right behaviour or what constitutes proper habits. I'm opinionated, completely idealistic, forever curious, outspoken, been known to eat peanut butter and mustard sandwiches with glee, and have a strange sense of humour. Most things about me don't easily mesh with other people's ways of being in public or within the culture and society that I am a part of.

It can be said that I am moody at times and then very manic at others, that I am inspired, productive, enthusiastic and also at other times, somewhat depressive. But I think that my creativity comes from all of what I am and that if I were to lose any piece of it, well, I wouldn't be me.

Joelle Circé is an Quebec based queer woman artist whose works are inspired by women lives and concerns. Her art is traditional in regards to medium and technique though certainly contemporary in approach and focus. She was born in Montreal, Quebec and like many artists, was more comfortable with a drawing tool in hand than other pursuits. She studied in a private art school for some 4-5 years as a young adult and has exhibited her paintings in a variety of venues, from erotic art shows in Canada and the USA to being invited by the Leslie-Lohman Museum of Gay and Lesbian Art for a duo exhibit in 2011-12 in Soho, NY (one of her paintings is now part of their permanent collection).

Circé's art is informed by her life as a woman, from being a Lesbian and a feminist who finds inspiration in the women in her life and over time.

CHRISTINE COMEAU

WAGON BLUES
Réflexions sur le processus créatif

Il (l'artiste radicant) n'existe dans son univers ni origine ni fin, sauf celles qu'il décide de se fixer à lui-même. On peut emporter avec soi des fragments d'identité, à condition de les transplanter sur d'autres sols et d'accepter leur permanente métamorphose –une sorte de métempsychose volontaire, préférant à toute incarnation le jeu des panoplies successives et des abris précaires[1].

La créativité artistique est, en quelque sorte, une sphère dans laquelle je me retrouve, telle une forteresse dans laquelle je peux puiser des richesses insoupçonnées, mon imaginaire débordant. Elle est aussi un point d'ancrage, contre vents et marées, quand le ressac de ma vie est trop violent et insoutenable, elle me permet de garder le cap, de rester lucide. Ainsi dans ce court texte, j'élaborerai sur mon propre processus créatif, de la recherche opératoire à l'œuvre achevée, de l'importance du déplacement et des résidences d'artistes aux mises en scène de mes architectures portables.

Ma recherche opératoire se traduit premièrement par la réflexion et pour l'engendrer le déplacement (marcher, voyager, dériver) est essentiel. Être toujours en mouvement, fuir la stagnation, l'inertie. Les recherches intensives et les envois postaux que je fais hebdomadairement pour trouver des structures

---

[1] Bourriaud, Nicolas, *Radicant, pour une esthétique de la globalisation*, Lonrai, France, Denoel, 2005, p. 59

29

d'accueil à mes projets sont le point de départ de ce processus de mise en route. Ainsi les résidences de création se sont révélées à moi comme la formule idéale à la réalisation de mes projets mais aussi de mon être, de mon identité aléatoire. Être ailleurs, m'installer précairement, m'inventer un nouveau quotidien autre part, flâner, me perdre dans des villes labyrinthes, attendre dans des non lieux (c'est-à-dire dans les gares, les aéroports, les cafés etc.), rencontrer des gens, les faire participer à mes défilés ou mes interventions, tous ces mouvements et ces gestes ont une importance majeure dans mon existence mais intrinsèquement aussi dans ma démarche artistique.

En fait, c'est tout le processus créatif et ce qu'il comporte en réflexions, en gestes, en mouvements, en trajets et en rencontres qui font partie de ces expériences.

Ensuite, les idées naissent à l'improviste, je les mets donc sur papier. Je dessine les futurs prototypes de tentes et de combinaisons. Une fois les croquis terminés, je fais le tour des magasins de tissus pour trouver ceux qui conviendront le mieux. Lorsque les tissus sont achetés, je peux enfin commencer le travail d'atelier (coupe, assemblages, couture, séances photographiques).

> L'artiste sémionaute met les formes en mouvement, inventant par elles et avec elles des trajets par lesquels il s'élabore en tant que sujet, en même temps que se constitue son corpus d'œuvres[2].

Le déplacement

La théorie de l'artiste radicant/sémionaute de Nicolas Bourriaud relate ma condition, la position dans laquelle je me situe en tant qu'artiste du déplacement et du déracinement. Je

---

[2] Bourriaud, Nicolas, *Radicant : pour une esthétique de la globalisation*, Paris, Denoël. 2009, p. 60

m'explique; ce désir d'être toujours en mouvement et en voyage est né du fait que j'ai de la difficulté à m'approprier mon esprit et mon corps. Ce phénomène est sans doute dû à cette domestication que la société post industrielle capitaliste m'a inculquée. Entre cette domestication et l'éducation que nous transmettent nos parents, le système scolaire et cette société de surconsommation, reste-t-il une place pour un certain bien être et une certaine liberté? Le fait de voyager et de créer est, pour moi, une tentative de me rapprocher de cette liberté même si elle m'apparaît impossible à atteindre. De plus, je n'ai pas de maison à habiter. Je ne me sens nulle part chez moi, alors, puisque je n'ai pas de maison à quitter ou à retrouver, je poursuis ma route, telle une nomade. Je me sens souvent étrangère à ce monde dans lequel j'évolue. Même si j'ai un certain attachement à la terre où je suis née et que la question de l'identité, mon identité, me hante par moment, je suis avant tout une citoyenne du monde. Je m'attache aux gens, mais à aucun lieu précis. C'est donc pour cette raison que la création est devenue un point d'ancrage. Peu importe où je suis dans le monde, c'est en elle que je trouve mes repères.

Donc mes dernières expériences en résidences artistiques à l'étranger et au Québec m'ont amenée à réfléchir sur les notions de nomadisme. Je m'interroge sur les concepts de mobilité et d'interrelation entre les formes et les êtres. La notion de sculptures habitats et plus précisément de maisons mobiles s'est avérée pertinente dans mon parcours de déracinée. Je conçois des vêtements relationnels qui servent à la réalisation de performances collectives dans lesquelles les gens sont invités à participer. Je m'intéresse donc aux différents tissus, différentes couleurs et systèmes de confection pour créer des vêtements interconnectables. J'en suis maintenant à esquisser des architectures portables multifonctionnelles. Tels des habitacles qu'on porte sur son dos, un « vêtement-maison » ambulant et amovible.

Je propose ainsi, aux différentes structures d'accueil, ce concept d'haltes nomades, tels des arrêts créatifs, dans le contexte de résidences de création. À chaque résidence, j'y développe un nouveau volet, avec l'intention d'y concevoir de nouveaux prototypes de tentes.

À l'intérieur de chaque prototype viennent souvent se greffer, avec du velcro, des combinaisons, que les participants revêtent. Un système d'attaches est conçu dans l'optique de relier les participants entre eux afin qu'ils établissent une connexion physique et psychique. Il est la base de mes vêtements relationnels. Ainsi liés par les attaches, les corps doivent se mouvoir en affectant nécessairement le mouvement des autres corps. Des contraintes physiques se forment dans leurs déplacements, les vêtements connectés les restreignent bien qu'ils semblent les fusionner. La question de l'enveloppe charnelle en tant que limite et contrainte m'a toujours préoccupée. Parce qu'une fois vêtues, ces habits singuliers deviennent une deuxième peau que les volontaires doivent s'approprier, une enveloppe, servant de camouflage à leur véritable identité et qui leur permet d'expérimenter leur propre étrangeté, leur propre différence. Ayant moi-même vécue l'expérience, je peux témoigner de ce phénomène, cette impression d'étrangeté se formule par un sentiment d'être différent des autres. Ce sentiment naît souvent avec le regard des passants sur soi. Les combinaisons, souvent munies d'une seule manche, recouvrent tout le corps. Ceci donne l'impression, vue de l'extérieur, que les personnages sont des mutants. Du corps de l'individu, seul son visage est visible. L'individu devient membre d'une communauté d'étrangers. Les tentes sont les maisons mobiles de ces personnages nomades, leur habitat précaire. Tout comme les combinaisons, elles permettent d'habiter autrement le monde.

Évidemment, l'objectif étant que les tentes sculptures et les combinaisons soient habitées par les humains mais aussi de les intégrer dans les paysages urbains ou ruraux. Les tentes se déploient dans l'espace extérieur, tel un campement, elles respirent, prennent toute leur ampleur.

Ce mariage forcé entre le paysage et les architectures portables donne naissance à des tableaux souvent ludiques mais toujours très poétiques où des mises en scène se dessinent au gré des déplacements. Ainsi, mes haltes nomades (avec les sculptures vêtements) s'adaptent à la ville et à ses habitants par le biais de rencontres et d'interventions.

La créativité se traduit par la volonté d'être au monde et de provoquer des rencontres

Ma volonté d'être au monde, de matérialiser mes idées et de les imposer est plus forte que tout. Je partage, avec les autres de mon espèce, les lubies de mon imagination. Cette volonté me fait sortir de ma zone de confort et de timidité, camouflée dans une combinaison/enveloppe/deuxième peau, pour aller vers l'autre, m'ouvrir à l'autre. Que cet autre soit le participant ou le passant, mon invitation est la même : je l'invite à découvrir mon univers et à me faire découvrir le sien par l'échange de dialogues, de perspectives. C'est une rencontre. Et ce désir de rencontre, de connaître ce monde et ses habitants, est plus fort que mon désir de fuite. Le voyage est une tactique pour provoquer ces rencontres qui nourrissent mes projets.

Les différents projets que j'ai réalisés en résidences de création ont toujours été élaborés dans la même optique, celle de rassembler les gens pour leur faire vivre une expérience unique par le biais du jeu, de l'échange, du déplacement contraignant et de l'étonnement. Évidemment, la performance finale y joue un rôle majeur. Elle est le résultat de cette mise en route où prennent forme mes créations, mes architectures portables à multifonctions. Celles-là même qui s'installent temporairement, tel un campement de nomades, une halte nomade, en attente d'être habitées.

L'art de la mobilité est une manière de vivre et d'être. L'art de se réinventer des identités aléatoires, de faire partie, non pas d'une patrie mais d'un monde. L'artiste moderne est citoyen du monde. Il fait sans cesse actes de traduction. « Il se traduit dans les termes et l'espace où il évolue[3]. » Il est toujours en apprentissage du lieu où il s'installe précairement, des gens qu'il croise, des règles et des codes établis par les institutions qui l'accueillent et de ceux qu'il s'impose lui-même. Il est toujours en déplacement. Se traduire est un déplacement. Créer, parler et écrire sont des actes de traduction. Tout est toujours en mouvement, prend forme, se déforme et se

---

3 Ibid, p. 58

reforme, devient informe ou multiforme (c'est le cas de mes sculptures portables) et ainsi de suite. La vie est un passage. Et, moi, en tant qu'artiste *sémionaute*, déracinée, je provoque les passages, je les transforme en événements entrainant avec moi d'autres êtres humains, curieux et volontaires, et un public improvisé. Je façonne cette vie, mobile, circulaire, singulière, mouvante, pleine de possibles et de trajets à tracer.

Christine Comeau vit et travaille à Montréal. Elle inscrit sa pratique dans l'art contextuel, l'installation performée, la sculpture vêtement et la poésie vivante. Elle détient une maîtrise interdisciplinaire en art de l'université Laval, promotion 2012. Son travail a fait l'objet d'expositions individuelles et collectives au Canada, aux Etats-Unis, en Allemagne, en Suède et au Brésil. Elle gagne le prix performance de la Biennal RoadShow 2014. Elle est de la cuvée Art souterrain 2012 avec son projet nomade *3000 ans d'errance*. Elle participe au Printemps des poètes en 2011 avec le spectacle de poésie multidisciplinaire *Apparences*, grâce à l'obtention d'une bourse Première Ovation en arts littéraires. Christine Comeau a également pris part à plusieurs résidences de création dont celles organisées par les pépinières européennes pour jeunes artistes (PEJA), à Guthenburg, Suède, en 2008, celles ayant eu lieu au centre d'artistes Est-Nord-Est de St-Jean-Port-Joli en 2011 et WildWuchs e.V., à Görlitz, en Allemagne, à l'été 2013.

Les résidences de création font partie intégrante de sa démarche artistique. En effet, ses propos de recherche sont de l'ordre de la mobilité (maisons mobiles), de l'habité, de la contrainte et des frontières physiques et mentales engendrées par les déplacements (voyages, résidences de création, dérives, exils). À la manière de l'artiste sémionaute (Nicolas Bourriaud, dans *Radicant*), elle met les formes en mouvement. Christine Comeau invente par et avec ces formes des trajets par lesquels elle s'élabore en tant que sujet, tout en se constitue un corpus d'œuvres. Ainsi, le déplacement lui permet d'avancer, de voir plus clair et de s'adapter à de nouveaux milieux. Le mouvement, les trajets tracés à travers ses déplacements font d'elle une sémionaute s'installant à tous ces endroits sans toutefois avoir le sentiment de se sentir chez elle.

CHA CHA DA VINCI

JACK BEAR

EXT: FARM HOUSE. MORNING

A white clapboard farmhouse shaded by an enormous oak stands back from a country road. There's a large vegetable garden to one side and an old red barn on the other. A thick, green lawn surrounds the house. A red mailbox stands at the end of the drive with its flag lifted.

A WOMAN (70's) walks out the front door. She is thin, strong and dressed in a housecoat with nothing on her feet. She ties her long white hair in a knot at the back of her head as she walks in the long grass.

She steps on something sharp, yelps and jumps off her foot. She pulls a shard of broken teacup from her heel. She drips blood.

> WOMAN (to herself)
>
> Jack.

She pokes at the wound and it bleeds even more profusely.

                    WOMAN (yelling back to the house)
              I'm leaving a blood trail for bears! Jack! I said I'm
              leaving a blood trail! For BEARS! JACK!

The Woman waits for an answer.

                          WOMAN (to herself)
                   He's one of 'em. I swear to God.

She smiles and limps to the back of the house.

INT. BACKYARD. DAY

Sheets of paper are scattered on the grass under the open second
story window. The door to the kitchen is open. The woman picks
up the papers and walks into the kitchen.

INT. KITCHEN. DAY - MOMENTS LATER

The Woman puts the papers on the large table and throws her foot
into the sink. She doesn't see the upended garbage can lid or the
paw prints going up the stairs. She turns on the tap and washes the
wound. She digs through a utility drawer to find a clean rag and
duct tape. She tapes the wound and steps barefoot into Jack's
rubber boots.

                              WOMAN
                   Gonna go feed the goats!

EXT. HOUSE. MOMENTS LATER

She picks up a BUCKET from the porch and limps across the
expansive lawn to the barn.

EXT. NICARAGUAN FIELD HOSPITAL. DAY - 50 YEARS
EARLIER

The Woman (20) walks with a bucket. She is covered in dirt and
blood. Rows of cots are filled with bandaged bodies broken by
civil war. Nurses hurry between the dead and the dying, caring for
those most likely to survive the night. A DOCTOR takes the last of
the morphine and injects it into a MAN's arm.

DOCTOR
It's better to live with one arm, Miguel, than to die.
Trust me.

Miguel half smiles and falls unconscious as a bombardment of
GRENADES rips through the village.

DOCTOR
Move'em out! You! Take the babies! If they don't
have a mother, BE ONE! You! Take the ambulatory!

The Woman takes a newborn baby from his dead mother and
wraps it in the arms of a YOUNG MAN (20's) with no legs. She
tucks a bottle of goat milk and a clean rag into his jacket.

WOMAN
Soak the rag in the milk and put it to her lips. She'll
do the rest.

The Young Man holds the screaming infant tightly and nods. Two
ORDERLIES carry his cot away.

EXT. FIELD HOSPITAL. EVENING SAME DAY

The Tent Hospital is empty. The Woman helps load the last
SOLDIER (30's) onto the back of a tractor.

SOLDIER
This is it. You better get on.

The Woman looks back to the empty cots.

WOMAN
They need me here.

The Soldier shakes his head and lies back. The tractor pulls away,
leaving a trail of dust.

INT. TENT. PRE-DAWN. NEXT DAY

The Woman is asleep on a cot. A bear of a MAN (30's) wakes her.
He has a US PRESS BADGE on his shirt.

MAN
Get up. I gotta get you outta here.

WOMAN
Jack!

JACK
The last of the wounded were taken out at 5. I found a guy with a boat. He'll row you out to the Red Cross. They've got a ship off the coast.

WOMAN
I want to stay with you.

Jack takes her head in his hands and memorizes her face.

JACK
The roads are being watched. Let's go.

He gathers her things.

EXT. TENT. PRE-DAWN - MOMENTS LATER

Jack throws her bag into a Jeep. She climbs into the back and hides herself between two crates.

JACK
It should take 2 hours. I'll knock twice on the back of the cab if I see trouble. But no matter what happens, don't move. OK? Stay put.

WOMAN
OK.

She sits and Jack pulls a tarp over her head. He secures it with rope.

EXT. ROAD. SUNRISE

Jack drives hard on a dangerous dirt road. The Woman is thrown against the boxes and braces herself. Jack watches for Militia and land mines.

EXT. BEACH. MORNING

Jack stops on the deserted beach of a small bay. He jumps out and throws back the tarp. The Woman is bruised but smiling. She climbs out. Jack grabs her bag and they run towards a FISHERMAN (60's) waiting by his small boat. Jack slaps the man on the back and hands him a few bills. The Fisherman points past the mouth of the bay and the men shake hands. Jack pulls the Woman aside.

                    JACK
          I'll get in touch as soon as I can.

                    WOMAN
          You're not coming with me?

Jack is silent.

                    WOMAN (cont'd)
          Come with me!!!

                    JACK
          I can't. I gotta make sure they don't get away with
          this.

                    WOMAN
          It's not your war!

                    JACK
          I came to be a witness. I can't leave before the shit
          hits the fan, can I?

The Woman steels herself. She takes his massive head in her hands.

                    WOMAN
          And then you come home to me.

                    JACK
          And then I come home. And we'll get goats and I'll
          hibernate in my writing room until I have written the
          Great American Novel. You'll be my muse.

He picks her up and puts her in the boat. He and the fisherman push it into the water. Jack wades waist high as he kisses the Woman goodbye. He watches her float away.

INT. JACK'S WRITING ROOM. DAY - 6 MONTHS LATER

The Woman (20's) prepares Jack's room. The tall windows of the farmhouse are open onto the garden and a new red barn. Books line the shelves. There are wooden marionettes, binoculars and a set of 4 teacups on the windowsill.

She sits in the desk chair and places her fingertips on a new black typewriter. She arranges pencils on a stack of paper. She walks to the window, takes the binoculars and sees a TRUCK arriving from town.

> WOMAN
> Jack.

EXT. BARN. DAY - PRESENT DAY

The Woman (70's) fills the bucket with hard pellets of goat feed.

> WOMAN
> We're low on feed! And Baby Jack's walking now, so you better fix the back gate or you'll be fishing him out of the river!

EXT. RIVERBANK. DAY - 40 YEARS EARLIER

The Woman (30) and Jack (30) lay on the grass near the river's edge. They drink wine and eat strawberries from a wicker basket. They kiss and laugh. He reaches under her flowered sundress and she giggles. He swats a mosquito on his neck. She shoos one away from her face. They kiss again. She slaps her leg and he quickly stands.

> JACK
> Come on.

They gather their things and run back to the house hand in hand.

INT. KITCHEN. DAY - MOMENTS LATER

They stumble into the kitchen, drop the picnic basket and continue kissing. They pull at each other's clothes, laughing at the buttons and zippers between them. The woman lies back on the kitchen table. Jack pins her arms behind her head and she throws her legs around his waist. They fuck joyously and loudly with groans and laughter.

INT. KITCHEN. DAY - PRESENT

The Woman (70's) washes strawberries in the sink. She shakes them dry and put them on the lunch tray of bread and cheese. She looks out the window at the oak tree. A SWING rigged to a thick branch sways in the wind.

INT. KITCHEN. DAY– 30 YEARS EARLIER

The back door swings open and two YOUNG GIRLS (5 and 7), run inside. The smaller of the two hides behind her mother's legs. The older stops short in front of her.

                OLDER GIRL
    I didn't do it.

                WOMAN
    Do what?

                OLDER GIRL
    She told me to push harder.

The younger girl raises her arms to be lifted. The Woman picks her up and sits down at the table, placing the girl on her lap. She pulls the older girl to her side.

                WOMAN
    (to her youngest) She didn't mean to scare you.
    (to her oldest) Right? You didn't mean to scare her.

              YOUNGER GIRL
    She pushed me too high.

> WOMAN
> Did your feet touch the clouds?

Both girls smile.

Jack appears at the bottom of the stairs and fills the archway to the kitchen. He leans on the doorframe and scratches his back.

> JACK
> I'm hungry.

The Woman smiles over her shoulder at him.

> WOMAN
> Give me a few minutes.

> JACK (growling)
> Who are these tender little morsels? They look good enough to eat!

He growls like a hungry BEAR, ready to catch and devour the little girls. Laughing, they skirt his tree trunk legs and Jack chases them out the back door and into the garden.

INT. KITCHEN. DAY - PRESENT

The Woman carries the lunch tray up the stairs without seeing the dried paw prints. She leaves her own bloody heel print on each step.

> WOMAN
> Jack! The girls will be here soon.

There is NO SOUND. She pushes the door open and sees Jack slumped over his typewriter, mid sentence. She drops the tray and runs to him.

> WOMAN
> No!

She rocks his cold body and as if the warmth of her own could bring him back to life. She quietly weeps and sees his last sentence caught short on the page.

Not a man, but a beast with a heart.

She holds him tight against her pain.

She ties her long white hair in a knot at the back of her head and walks to the windowsill cluttered with Jacks' collection. The tea set is missing a cup. She uses the binoculars and sees a car arriving from town.

She also sees a small tree at the edge of the woods bent over so far that it's new leaves touch the ground. A BROWN BEAR scratches his back and growls.

                    WOMAN
          Jack.

Cha Cha da Vinci, a native Californian, started her career as a modern dancer with The William Louther Dance Company in London, England. She returned to New York City, signed with the recording label 25 West, and The B. Beat Girls were born. The girl group jumped to the top of the Billboard charts with the worldwide dance hit, *Same Man* (Music Sales, London, England). They rocked the discos 20 years ago and the hit is still packing the dance floors today in both hemispheres.

Cha Cha da Vinci is best known for Andronyx, a gender bending cabaret group from New York. They fearlessly took on subjects from Mardi Gras gone mad to the Kennedy Assassination, from high heeled girl groups, to bird beaked babes feasting on the flesh of overfed world dictators. They soon developed a sexy cult following as they toured their tall tales through The U.S and Asia. They appeared regularly at the infamous Pyramid Club, Danceteria and the notorious Studio 54 in NYC.

While touring to Montreal, da Vinci decided to make the city her home. With *'a voice that could damn a saint'* she became known as *'the Queen of Bop of Quebec',* playing clubs with her band, *Cha Cha and The Chain Gang.* She married and became the proud mother of Leah Leger.

da Vinci packed the theatre at The National Arts Center, in Ottawa with the world premiere of her show, *Bitch.* She was accompanied by the 'Quebecois gitan', Luc Fortin on his fiery, gypsy guitar. Again audiences were shocked and seduced by the brutal honesty of her subject matter and delivery.

She later returned to star again at The NAC to sold out crowds in the critically acclaimed one-woman show, written by Robert Michaels, entitled 'Satin'.

da Vinci has recently been personified by Claudia Ferri in the feature film, 'Dédé, a travers les brumes". She has completed her own feature film script, *In the Gorilla Cage*, which is slated to be shot later this year. She currently owns and operates da Vinci Talent, one of Montreal's top talent agencies.

SIMON DUPLESSIS

DU NIHILISME
DANS LE GESTE ARTISTIQUE

« La cause du monde est perdue d'avance, dès lors toute action est triviale et inutile. » Telle est, semble-t-il, la maxime du nihiliste. Comment suivre une autre logique ? Dès que l'espoir du monde est tombé, rien ne sert de vouloir le relever, il ne faut que chercher à passer le temps par une quelconque activité personnelle, ou collective — englobant la personne individuelle. Parce que tout, au fond est voué à la répétition, données historiques à l'appui. L'enivrement, le divertissement, le travail choisi, l'activité artistique (dénuée de tout intérêt vital), le sport à la limite, deviennent alors les seuls phares de l'existence. Je sens que les joyeux chœurs de l'optimisme s'époumoneront alors, volontiers :

— Mais en quoi l'activité artistique serait-elle dénuée d'intérêt vital ? Voilà qui est idiot, voilà qui est une opinion franchement de droite ! Et tout le bien que la musique, que la peinture, que la danse, que le théâtre, que la sculpture amène dans les cœurs et dans les esprits ? On jette tout ça par-dessus l'épaule ?

Il faut répondre : que ce soit une opinion de droite, de gauche ou de centre, rien à y faire. C'est là et c'est palpable : l'art est une activité contestatrice parce qu'elle s'approprie une énergie humaine qui ne sera pas mise ailleurs ; et que l'art ne permet pas de nourrir des bouches, de vêtir des corps ou de loger des malades.

C'est une activité égocentrique, déterminée par elle-même. Il faut donc admettre que choisir de fabriquer à répétition des œuvres d'art est un choix égocentrique, irrationnel, qui ne peut être soumis à aucun système logique. Seul le nihiliste peut s'accommoder de cette réalité en pleine conscience.

Entendrons-nous maintenant ceux-là qui disent ? :

— Que c'est pessimiste !

Non. Parce qu'ils sont à présent confondus. Ils se demandent s'il est possible d'apprécier l'œuvre d'art ou de faire le travail artistique dans un système nihiliste clamant l'absurdité et le désespoir de faire ? qui ne chercherait pas à outrepasser l'objet produit ? et qui n'attendrait pas d'impact rationnel sur la réalité ? Une propre négation du rapport supposément entretenu avec le monde. C'est à se demander :

— Est-il possible d'agir sans espoir ?

Mais ça, ils ne se le demanderont pas tout haut, de peur d'avoir l'air ridicule. Ils y réfléchiront cependant toute la soirée. Les plus bêtes, toute leur vie. Et qui sait, dans leur soirée de réflexion, certains auront peut-être compris que « Oui » il est possible d'agir sans espoir, précisément lorsqu'on n'attend aucun impact rationnel sur soi ou sur les autres ou sur le monde en dehors de la jouissance du geste en lui-même. Pour simplement combler le temps qui nous est donné. *Because, it's our fuckin everyday life.* Et ils comprendront probablement en même temps que la solution est donnée avec le problème.

Je pense, par contre, qu'il vaut mieux mettre en veille l'idée que certaines personnes finiront par se rendre compte qu'elles n'ont toujours agi que par nécessité égocentrique — parce que les personnes qui peuvent concevoir cette idée n'auront jamais l'idée de crier :

— Quel pessimisme !

lorsque nous leur expliquons que la cause du monde est perdue d'avance.

Si je parle ici de travail artistique, c'est qu'il est possible de lier le travail artistique aux autres activités que j'ai mentionnées plus haut : manger, boire, s'enivrer, choisir son travail et se divertir. L'activité artistique est un puissant vecteur pour ces seules activités de l'existence qui valent ; toutes justifiées par l'incarnation égocentrique pure : l'objet d'art comme finalité d'une action irrationnelle et charmante. Le nihiliste jouira à se remémorer que l'acte créateur est en soi une négation de la nécessité, donc une négation du principe de réalité. Voilà, à juste point, jusqu'où peut s'étendre le plaisir de l'artiste nihiliste — précisément là — pas plus près, pas plus loin.

— Parce qu'il n'y a rien à espérer de plus ?

Exactement ! Je ne sais pas qui ici à bien pu prononcer de telles paroles... Toutefois, un peu de réserve, car, entendant ces propos, selon son humeur, le nihiliste choisira de se taire ou de contredire cet énoncé : contredire, parce que rien n'est vrai, rien n'est faux, mais que simplement tout est. — Point. — Nous pouvons en penser ce que nous voulons, le principe est tel que nous aurons toujours tort. Toujours.

Notre nihiliste semble être de mauvais poil aujourd'hui parce qu'il répond ironiquement :

— Parce qu'il n'y a rien à espérer tout court !

Afin, j'imagine, de pousser son ami plus loin dans son raisonnement nihiliste, qui est le contraire de la logique, — mais aussi pour voir jusqu'où il peut lui-même pousser la conception.

Le geste en soi. Non pas la beauté ou même l'expression.

Mais le geste lui-même choisi parmi tant d'autres pour être commis dans un ensemble irrationnel et inutile à la vie.

Pourquoi mettre le problème du beau dans l'équation maintenant ?

— Parce que c'est lorsque tu espères faire un bel objet d'art, que tu en fais un horrible. Et si tu crois pouvoir déjouer la situation en essayant de faire un objet horrible, tu ne feras rien du tout.

Voilà qui pose le problème du vouloir et du beau tout en haut. Nous touchons ici le nœud de la chose. Qu'est-ce qu'on veut faire exactement lorsqu'on se donne la peine d'accomplir un objet artistique dénué de toute nécessité et de tout intérêt ? Le premier épanchement est assez ridicule et infantile : de chercher l'approbation des autres, du monde. C'est la base, la première étape. Nul n'entame pour la première fois la fabrication d'une œuvre d'art sans d'abord chercher l'approbation et susciter l'intérêt chez les autres.

Mais si l'idée persiste de fabriquer une œuvre d'art — soit par l'encouragement reçu, soit par curiosité personnelle ou les deux — la personne devrait passer par un éventail de positions nuancées sur son propre travail et devrait finir par atteindre, en pensée, sa volonté même de travail, sa volonté même de poser un geste. Ce n'est qu'alors que la question « Qu'est-ce qu'on veut faire quand on veut faire une œuvre d'art ? » se posera directement, sans entraves ou boursouflure superficielles.

Les gentils hommes et les gentilles dames répondront :

— Je veux faire du beau. Je veux faire un beau tableau, une belle sculpture, un beau texte, un beau logo...

Ce qui ne doit pas être moins noble que de faire n'importe quoi d'autre. Mais le beau se rabougri assez rapidement, c'est le premier niveau de l'appréciation. Et si l'on ne veut pas tomber dans l'enfer du nouveau — qui doit sans doute être un espèce de beau plus éphémère encore — l'on ne peut que se projeter dans l'enfer nihiliste du questionnement naïf et brutal : pourquoi le geste lui-même et quel impact je souhaite avoir sur la réalité au travers ce geste ? Pourquoi faire un carré plutôt qu'un triangle dans un espace donné ? Et pourquoi le placer plus en haut qu'en bas, plus à gauche qu'à droite ?

Simplement parce que le geste à un impact précis selon sa forme et sa position dans le petit espace que je lui ai accordé. Espace que je lui ai accordé et que je juge par ma personne et qui sera jugé par d'autres qui sont aussi des personnes : plate définition de l'égocentrique et de l'irrationnel. Ainsi l'impact que le geste a sur moi, sur les autres, et sur le monde est lui aussi égocentrique, purement irrationnel : dénué de sens, peut-être même stupide. Quelle est donc ma volonté de faire ?

— Faire quelque chose de beau !

Non. Ce n'est pas précisément ça. En fait, le but ultime, suprême et nihiliste, c'est de produire un geste *pour passer le temps et rouler la matière.* C'est le fondement unique qui permet la plus totale liberté. Parce que, de toute manière, rien de ce que j'exprime et fait n'a de sens, ou n'est beau ou n'est utile. Et je ne peux pas prétendre avoir de l'impact sur quelqu'un avec un geste totalement inopiné et égocentrique, et, de surcroît, avec lequel je ne peux me sentir tout à fait à l'aise. (Ne venez pas me dire que j'invente ici le rapport tordu des artistes avec leurs travaux). Mais pas plus que je peux rester inactif — c'est impossible. Me voilà alors comme poussé au cul par un mur de réalité, obligé de faire, obligé d'admettre l'irrationalité de mon action et ne pouvant m'empêcher de le perpétrer. En d'autres mots, totalement foutu ; obligé de faire et de choisir.

J'entends encore :

— Que c'est pessimiste !

Mais je ne serais pas si catégorique. Je crois même que c'est plus optimiste que pessimiste. J'affirme et nie du même coup le principe de réalité dans un geste, et laisse alors une place volontairement floue, non-intellectualisée et barbare, au principe de plaisir, *qui ne peut être vécue que pour passer le temps* et d'aider à se décharger de la pulsion de faire.

Au fond, j'imagine que je dois arriver à assumer mon égocentricité dans le mouvement, à la sublimer, à nihiliser mon geste complètement — et ainsi assumer l'irrationalité de l'ensemble et de la particularité, sans même avoir à en comprendre la nature profonde, puisqu'il n'y en a pas — ou s'il y en a, elle est inintelligible. L'espoir s'annule aussitôt et la question se pose de nouveau :

— Est-il possible d'agir sans espoir ?

Si on répond :

— Oui.

Bravo. Mais il faut faire attention. Le principe est tel que nous avons toujours tort.

Alors maintenant, j'imagine qu'il devient plus facile de répondre à la question : « Qu'est-ce que je veux faire quand je fabrique une œuvre d'art ? » Je ne veux rien de plus que de fixer sur un support une possibilité du réel, totalement inopinée, futile et sans valeur propre. « Pourquoi ? » Pour faire passer le temps et le matériel terrestre. Parce que ça ne peut faire autrement que de bouger, poussé par le mur de la réalité. Il n'existe rien d'autre que ça. Et je ne suis pas autorisé à avoir une opinion sur mon geste ou sur l'ensemble dans lequel le geste est perpétré et reçu.

***

Si je revisite ces notions quelques temps après les avoir écrites, je suis si surpris d'y retrouver clairement mes convictions profondes sur l'activité artistique que je prends la peine de corriger un peu ici, et préciser un peu plus là, parce qu'au fond il s'agit d'une ébauche fort généreuse et bien avancée, non pas sur une théorie de l'art — une théorie justificatrice, ou une idéologie de contestation, ou une idéologie partisane de mouvement — mais d'une évocation assez ciblée du problème net que pose la volonté d'un individu à perpétrer un geste artistique. Je me suis rendu à ce point dans le cheminement qui est le miens, et qui ne vaut pas plus que celui des autres parce que je souhaite justement porter l'autre jusqu'au bout de l'idée pour arriver à en retirer le plus de vues possibles — chose que je ne peux évidemment pas faire seul. Ce n'est qu'une évocation.

En gros les conclusions de ce petit essai dirigent notre attention sur quelques problèmes fondamentaux. Le vouloir, l'impossibilité du vouloir sans l'espoir, et la fuite de ce paradoxe vers un espace volontairement admis comme étant irrationnel et consciemment laissé flou dans les zones intentionnelles. Cette chose nihiliste que j'essaie de chevaucher est en quelque sorte une psychose saine pour se délier du problème de faire, pour se décharger du principe de réalité. Elle permet toutefois une liberté si vaste qu'elle devient chaotique. Sauvagement vulgarisée, l'idée prend alors la forme de la phrase :

— Créer, juste pour faire passer le temps et la matière par le geste.

Il ne peut pas y avoir de fondement plus juste à la création artistique. Justifier le trop plein d'être-là, de *daseign*, en le déclarant irrationnel et en glorifiant sa sollicitude par un geste laissé flou. Un geste posément nihiliste, qui ne s'attend à rien. *Faire pour nier la nécessité de faire.* Il semble bien, alors, que je n'ai pas besoin d'espoir pour agir, mais que simplement je dois agir parce que telle est la fatalité de tout être humain — autant admettre alors l'irrationalité du concept et choisir ce que je ferai.

Simplement pour faire passer le temps ?

Simon DuPlessis est né à Montréal en 1988. Autodidacte, il n'est titulaire d'aucun diplôme. Ce qu'il ne l'a jamais empêché de travailler dans le milieu des arts depuis quelques années. En 2010, il a été chroniqueur officiel pour le Festival International en Arts (FIMA) et il a performé de la poésie pour l'ouverture du Festival d'Art Érotique. En 2011, il a participé au marathon de création au Festival du Texte Court de Sherbrooke et a aussi siégé sur le conseil d'administration de l'Arc-en-ciel littéraire. En 2012, il a performé de la musique et de la poésie pour « Zonarts », de l'artiste Zilon avec qui il travaille depuis 2010, à la Place des Arts dans le cadre du Festival International des Films sur l'Art (FIFA). Il a aussi créé et dirigé le spectacle de poésie-performance « Emmental Expiré » pour le festival Fierté Montréal. Simon DuPlessis est rédacteur de démarches pour artistes — il réalise tous les écrits promotionnels et de démarche pour le peintre hyperréaliste Jean Chaîney depuis 2009. Au fil des années, nous avons pu l'apercevoir dans diverses soirées de poésie et spectacles indépendants. Simon a aussi été critique littéraire pour le magazine Être. Il est actuellement journaliste pour Bazoom.ca et le BAZ magazine. Il travaille également sur divers projets d'écriture, refusant pour le moment de publier ses manuscrits.

PAMELA GRAU

It was an affluent community - I grew up thinking every artist was successful - the classic tale of the starving artists didn't exist in this Tinsel Town crowd.

Just north of the Sunset Strip our house was equipped with a woodshop, a sewing room and a painting studio all set within an elegantly designed glass home. Our neighbors were actors, directors, producers, writers and performers. My parents both artists; my Father had been a Disney animator and my Mother a painter with her own graphic design firm. I was born to be an artist.

My grades were mediocre and most of my schools days were spent "daydreaming" and doodling (now identified as Attention Deficit Disorder). My parents were not concerned about my average grades and would explain to my teachers "Pam is just an artist".

When we moved to Newport Beach, California (now known as the "OC") a conservative and nautical paradise, I was 15, and at the end of my freshman year. Awkward and new – too skinny, too pale and too much frizzy hair I looked nothing like the All-American surfer chicks that surrounded me. I was eager to leave. At 17 I did what is called the "Grand Tour" of Europe spending my time visiting most of Europe's great museums. It was in Europe that I committed to becoming a better artist and decided I needed an education. I returned to the States and enrolled in Mills College in Oakland – I worked really hard and had many wonderful teachers.

Each one left a mark and I found myself moving farther away from knowing and hearing my own voice. I paid my bills after college as a graphic designer while waiting for my big break into the art world.

I took my "art" portfolio around Los Angeles – it was the late 1970's and all the gallery doors seemed to be closed. I was told there were "no great women artists" and that "I was too pretty to paint well." It was humbling and I took the rejection hard. I began to recoil from even the idea of putting myself out to be seen. The truth (in hindsight) was although my work was nice it wasn't raw or deep. To be a good artist you have to have dive into yourself and pull out some guts – at least have a point of view, something that sets you apart. I was happy playing it safe. So I got married, focused on being a mother and played house. I was blissfully sidetracked raising my 3 children but like a ticking time bomb the creative impulse pulsated within festering.

I was in my late thirties when I woke up and remembered who I was and more importantly who I wanted to be. It started small in a non-threatening way with art classes and painting trips. I re-honed my skills and slowly began discovering my voice - it was strong, confident and loud. It was not until my marriage started to crumble that I realized that I had so much to say. My mid-life crisis came out like neon flashing billboards to the world; frustrated, angry and exhausted.

In 2000, I joined the Orange County Center for Contemporary Art (OCCCA). I worked with other artists to create a community giving me comrades and a purpose. I moved up the ranks and in 2004 became the Exhibition Director. As I coached other artists towards success I found my own in the process. What is clear to me now is that to find my authentic voice I had to throw out all that I had learned in school, surrender and be open. In 2003-4, I joined artist Judy Chicago in her project "Envisioning the Future". For six months groups of handpicked artists were exposed to global and political issues, we were then paired up in small groups and set forth to envision the future the end result were exhibitions of the work produced as teams of individuals. It was a wonderful experience and opened my work to the pleasure and strength of community participation. Most importantly I began to see my work as being more than personal expression but as statements of social responsibility. I began moving between many mediums.

In 2010, I was diagnosed with breast cancer, which gave way to discovering new ways to evolve my work. Coping with insomnia, lack of strength and focus, the activity of counting and mindless repetition helped me utilize the endless nights this became the structure of the work that emerged from that experience. I lost my desire to tell personal figurative stories and my work became more engaged in universal issues and descriptions of humanity. Once I was well, new work began to pour forth with new meaning and flow. I made life changes and let go of anything that was holding me back from living fully.

In 2012, I moved to Ojai, California and I've created with my partner (artist Jeffrey Crussell) a life much like the one I remember from my childhood a home with a woodshop, several art studios, a sewing room and creative collaboration.

Pamela Grau has been active in the Southern California art scene since 1980. Primarily a painter she moves seamlessly between 2 dimensional work and 3 dimensional installations. In 2003 she participated as an artist in Judy Chicago's project: *Envisioning the Future.* Since then she has a participant in numerous community based art projects as well as over 50 group and solo exhibitions. In 2004 she became Exhibitions Director at Orange County Center for Contemporary Art in Santa Ana, CA and was cited by Rivera Magazine as one of seven museum treasures in Southern California. She received a BA in Art History from Mills College, Oakland, CA. She also attended Art Center College of Design in Pasadena, CA and the Leo Marchutz School of Art in Aix-en-Provence, France. In 2010 after years of championing emerging artists she returned to her studio to focus full time art making.

PIERRE ISSALYS

LA CREATIVITE DU JURISTE

Au premier abord, évoquer la « créativité juridique » pourrait susciter un réflexe de méfiance de la part du non-juriste. Par analogie avec la « créativité comptable », source d'une partie du récent dérèglement des systèmes financiers et boursiers, la « créativité juridique » s'exprimerait bien plus par le contournement astucieux des règles que par leur application éclairée.

Cette réaction de méfiance est d'autant plus compréhensible qu'elle se fonde implicitement sur une représentation traditionnelle du droit, qui subsiste encore, à certains égards, chez les juristes eux-mêmes. Selon cette représentation du droit, celui-ci consiste en un système de règles, relativement clos, cohérent et certain, dans lequel préexiste une solution complète à toute hypothèse de conflit ou d'incertitude quant aux droits et obligations de chacun[4]. Pour le dire en termes plus ramassés, le droit est toujours censé être « déjà là », avoir « réponse à tout ».

Cette représentation du droit, on le perçoit aisément, vise à

---

[4] D'où l'inquiétude, voire la panique, lorsqu'apparaît une situation qualifiée (en général à tort) de « vide juridique ». Pour défendre le système, deux voies sont alors possibles : soit démontrer qu'en vérité ce « vide » n'existe pas, soit s'empresser de le combler par une intervention législative.

satisfaire le besoin généralisé de sécurité juridique. C'est sans doute pour cette raison qu'elle continue d'avoir cours, même si depuis longtemps elle ne rend plus compte ni de la pratique effective des juristes, ni de la nature véritable du droit. Cet écart entre un discours convenu et la réalité des choses a donné lieu à un débat sur le rôle créateur du juriste dans le droit.

Dans la représentation classique du droit en Occident, la création du droit appartient en exclusivité à un nombre limité d'acteurs étatiques[5] : typiquement, une assemblée parlementaire, seule ou en combinaison avec des tribunaux constatant la préexistence immémoriale d'un droit coutumier. Le juriste ne joue dès lors qu'un rôle purement instrumental, celui d'un modeste intermédiaire. Le droit étant un donné, la compétence du juriste se résume à trouver dans l'édifice du droit la niche dans laquelle il convient de « caser » la situation qu'on lui soumet; de cette *qualification* de la situation découle inéluctablement le *régime* qui lui est applicable. Le juge lui-même, juriste en situation d'autorité, est cantonné à n'être que « la bouche qui prononce les paroles de la loi »[6]. L'interprétation juridique, notamment celle des textes législatifs, obéit à une théorie officielle qui lui nie tout caractère créateur : elle se réduit à la mise en évidence du seul sens déjà inscrit dans le texte par la volonté de son auteur[7].

Cette représentation réductrice du rôle du juriste[8] est aujourd'hui explicitement remise en cause par une redéfinition de

---

[5] Cette conception classique exclut l'hypothèse du pluralisme juridique, c'est-à-dire la création autonome, par des acteurs non étatiques, de systèmes normatifs considérés comme du « droit ».

[6] Charles de MONTESQUIEU, *De l'Esprit des* lois [1748], XI, 6 (Paris, Seuil, 1964, p. 589). De même, en droit anglais, lord REID évoquait, dans une intention évidemment ironique, le juge censé recevoir, par l'effet de sa nomination, la clé donnant accès à la caverne enchantée où trône en majesté la Common Law d'Angleterre (« The Judge as Law-Maker », (1972) 12 *Journal of the Society of Public Teachers of Law* (n.s.) 22).

[7] Pierre-André CÔTÉ, Stéphane BEAULAC et Mathieu DEVINAT, *Interprétation des lois,* 4e éd., Cowansville, Yvon Blais, 2009, p.6-10.

[8] Pierre MOOR, *Pour une théorie micropolitique du droit,* Paris, P.U.F., 2005, p. 169-170, parle d'une « vulgate épistémologique » pour décrire cette conception communément admise et peu réflexive du travail du juriste sur les textes.

la nature du droit[9]. Dans cette nouvelle perspective, le droit n'est plus conçu comme un système de normes, mais bien comme un processus social de production, à partir de textes, de normes porteuses d'un sens qui justifie le contenu de ces normes. Le droit tout entier est donc un processus continu de création. À ce processus prennent part, principalement mais non exclusivement, l'ensemble des « travailleurs du droit » : depuis les parlementaires jusqu'aux huissiers de justice, en passant par les légistes, avocats, notaires, juges, auteurs de droit, policiers, décideurs administratifs, élus locaux, techniciens juridiques, paraprofessionnels bénévoles, médiateurs… Les « usagers du droit » eux-mêmes ont vocation à intervenir dans ce processus créatif[10].

Cette représentation du droit comme processus n'est pas encore dominante. Elle n'a pas encore convaincu les usagers du droit qu'il est vain d' « attendre de la loi, et à fortiori du juge, des réponses à la fois prévisibles et décisives à toutes sortes de questions, réponses que ni la loi, ni le juge ne sont en mesure de [leur] fournir à tout coup, ni même dans la plupart des cas »[11].

Elle n'a pas non plus provoqué l'abandon de la conception traditionnelle du rapport entre les juristes et les textes normatifs juridiques. Elle favorise cependant la réception d'une conception plus réaliste de ce rapport, qui admette la fonction véritablement créatrice du juriste dans son travail sur et avec ces textes. Elle la favorise d'autant plus que cette fonction créatrice, qui certes fait intervenir la liberté et la volonté du juriste, n'est pas pour autant affranchie de toute contrainte : il s'agit bien d'une « construction encadrée » du sens des textes[12].

La faculté créatrice reconnue désormais ouvertement au juriste n'est pas livrée à l'exercice arbitraire de sa liberté et de sa

---

[9] Voir particulièrement Friedrich MÜLLER, *Discours de la méthode juridique* [1993], Paris, P.U.F., 1996 et Pierre MOOR, *Dynamique du système juridique*, Bruxelles/Paris/Genève, Bruylant/L.G.D.J./ Schulthess, 2010.

[10] Par exemple, par l'initiative populaire, la législation participative, ou le référendum législatif, pratiqués dans divers pays, mais aussi par le procès par jury.

[11] Yves-Marie MORISSETTE, « Peut-on « interpréter » ce qui est indéterminé? », p. 9-37 dans : Stéphane BEAULAC et Mathieu DEVINAT (dir.), *Interpretatio non cessat. Mélanges en l'honneur de Pierre-André Côté*, Cowansville, Yvon Blais, 2011, p. 12.

[12] CÔTÉ, BEAULAC et DEVINAT, précité, note 4, p. 24.

volonté. Puisqu'elle implique que se croisent les discours justificatifs de plusieurs acteurs sur le sens d'une norme juridique et sa pertinence en regard de certains faits, elle rejoint tout naturellement les aspirations à la démocratie. Mieux : l'activité créatrice du juriste se nourrit des exigences de la démocratie, qu'elle nourrit et défend en retour.

Cette liaison, entre la construction dialogique de la norme juridique et l'idéal démocratique, est depuis longtemps manifeste dans le cas des assemblées représentatives exerçant un pouvoir législatif (parlements, conseils municipaux). À bien y regarder, elle imprègne tout autant l'activité du tribunal qui exécute et assume l'obligation de justice inhérente au rapport d'allégeance entre le citoyen et la collectivité politique : le débat entre les parties au procès et leur dialogue avec le juge sur « ce qu'il y a à faire » avec le texte de la norme juridique relève *aussi* d'un processus politique de création du droit[13]. Quant au pouvoir exécutif de l'État, sa capacité de créer autoritairement du droit est aujourd'hui souvent assujettie aux exigences d'un processus dialogique, dérivées de l'aspiration à une administration démocratique : consultation du public, négociation du contenu des normes, participation à la conception des politiques et à la gestion publique, procédure contradictoire préalable, évaluation des normes…

Ainsi conditionnée par le caractère démocratique du processus de création des normes juridiques, l'activité du juriste obéit de surcroît à un ensemble de contraintes inhérentes au fait qu'elle concerne le phénomène juridique[14]. Certaines découlent de la nature textuelle des normes juridiques : aucune de celles-ci « ne peut être atteinte autrement que par un texte »[15], et sa construction est donc notamment tributaire à la fois du contexte d'élaboration de ce texte et du contexte dans lequel celui-ci est lu par son

---

[13] « Y a-t-il quelque autre contexte où, dans le cours normal des choses, la relation entre l'État et le citoyen revêt une qualité aussi personnelle et susceptible de marquer de façon aussi profonde la perception qu'une personne peut avoir de son pays? » (Charles GONTHIER, « Le rôle des juges et l'indépendance judiciaire », p. 635-646 dans : Marie-Claire BELLEAU et François LACASSE (dir.), *Claire L'Heureux-Dubé à la Cour suprême du Canada, 1987-2002*, Montréal, Wilson & Lafleur, 2004, p. 635.

[14] CÔTÉ, BEAULAC et DEVINAT, précité, note 4, p. 22-27, particulièrement p. 24.

[15] Pierre MOOR, précité, note 6, p. 61.

destinataire. D'autres contraintes découlent du caractère systémique de l'ensemble des textes à partir desquels s'engage le processus de production des normes : elles imposent à l'activité créatrice du juriste une obligation de cohérence et le respect des rapports hiérarchiques entre les textes et les acteurs de ce processus. Enfin, la création du droit par l'activité des juristes à partir des textes ne peut se soustraire à la finalité des normes juridiques : on attend d'elles un résultat utile, ce qui suppose qu'elles soient praticables, acceptables et efficaces. Pour toutes ces raisons, la créativité du juriste, si elle est indispensable à la production du droit, n'est en aucun cas la liberté de dire ou d'écrire n'importe quoi, n'importe comment. Imagination et rigueur en sont les attributs, indissociablement.

Certes, le discours par lequel les juristes, et plus largement tous les « travailleurs du droit », participent au processus de production de normes juridiques n'est que l'un des nombreux discours de l'humanité à propos d'elle-même et de l'univers. Mais parmi eux, il possède une vertu et une ambition créatrices particulières. En témoigne, dans un récit de Peter Handke, le juriste qui relit les codes de l'Empire romain qu'il étudiait à la Faculté de droit :

> Une œuvre juridique qui fait un catalogue exhaustif de la faute et de la punition ne consiste pas qu'en un classement mais, je l'éprouve aujourd'hui encore à cette lecture, elle donne au monde une cohérence et lui rend hommage. Ce qui apparaît alors parfois, c'est effectivement quelque chose comme un empire; non l'Empire romain disparu, mais un empire qui me fait à nouveau penser au « Nouveau Monde »; ce que je ressens alors, c'est tout le contraire de la disparition.[16]

---

[16] Peter HANDKE, *Mon année dans la baie de Personne : un conte des temps nouveaux* [1994], Paris, Gallimard, 1997, p. 105.

Pierre ISSALYS est titulaire d'un diplôme de 2e cycle en droit public de l'Université d'Ottawa et d'un doctorat en droit de la London School of Economics. Après avoir été chargé de recherches à l'ancienne Commission de réforme du droit du Canada, il est depuis 1978 professeur à la Faculté de droit de l'Université Laval. Ses activités d'enseignement, réparties sur les trois cycles, concernent le droit public (droit administratif, droit de la sécurité sociale, droit des ressources naturelles, légistique et histoire du droit public). Ses activités de recherche ont pour thème général les transformations de l'État et des formes juridiques de l'action publique, d'un point de vue à la fois historique, contemporain et prospectif. Il a publié ces dernières années, outre la 3e édition de *L'action gouvernementale*, ouvrage rédigé avec son collègue Denis Lemieux, des textes sur le renouvellement du langage des lois, l'analyse d'impact des projets de loi et de règlement, la justice administrative en Grande-Bretagne, les sanctions administratives, l'histoire du droit administratif, et la législation québécoise de lutte contre la pauvreté. Son dernier ouvrage, rédigé avec trois collègues, porte sur l'indépendance des décideurs administratifs. Il prépare un manuel d'histoire du droit public.

KAKO

CREATIVITE ET SERENDIPITE :
UNE ALLIANCE GEMELLAIRE ?

Lorsque Monsieur Jourdain, le *Bourgeois gentilhomme* de Molière, découvre qu'il a composé de la prose, « comme il faut » et tout à fait par hasard, le vers *« Vos beaux yeux, belle Marquise, me font mourir d'amour »* porte le germe évident de ce que peut être la créativité.

Lorsque, par ses *« accidents créateurs »*, Georges Braque crée ces visages ou autoportraits déformés, mutilés, le spectateur fait un pas de côté, pour finalement entrer dans l'œuvre et fouiller, tel le nez de Grenouille à la recherche du *Parfum* révélateur... L'œuvre, alors, paraît.

On pourrait aussi s'attarder sur les grandes trouvailles « providentielles» plus essentielles à la vie, que sont les vaccins, les médicaments et voir surgir la créativité, après maintes nuits de recherches aux côtés de Pasteur et Fleming...
On pourrait évoquer la miraculeuse clé de voûte soutenant l'arcade.

Qu'est-ce la créativité si ce n'est cette alliance entre le prévisible et l'improbable ? La recherche tourmentée et le jaillissement de l'imprévu ?

Et, cela, les trois princes de Sérendip l'ont bien compris...
Lorsque, au temps des *Mille et une nuit*, Giafer, le roi de Sérendip (actuelle Sri Lanka) pour parfaire l'éducation de ses trois fils, les envoie parcourir le monde, la sagacité dont il a fallu faire preuve, permet à ces jeunes princes de passer maître dans *« l'art d'interpréter des traces et des signes »* et ainsi de résoudre les énigmes d'un *« Nouveau Monde »* qui se présentait à eux... Alors,

le chameau recherché, par la force des indices, retrouve son propriétaire. Alors le Monde imaginé par les trois jeunes princes devient réalité. Alors aussi, la matière, naissante dans l'imaginaire de l'artiste, émergente entre ses mains, - sous le souffle de la sérendipité, devient créativité.

Et l'œuvre d'art - célébrée ou anonyme - cette chose aussi essentielle qu'inutile, jaillit de l'imprévu, pour exister… sur le pan d'un mur, dans la poussière d'un grenier ou sur un vieux buffet.

Mais quelles interrogations fallait-il se poser ? Quels horizons faut-il dépasser, pour céder aux exigences de ce qu'on l'on appelle : la créativité ?

Tels les princes de Sérendip… je suis parti – voyageur des temps modernes - appareil photo en bandoulière et l'**Arbre** en guise de boussole… Comme les fils de Giafar, je suis parti à la recherche des racines multiples de mon ciel insulaire. Et l'arbre immémorial s'est imposé, puis démultiplié pour se fondre dans la masse de cette foule fourmillante, jusqu'à devenir eux-mêmes, hommes et femmes, images captées, à la manière du poète Voyant[17].

De retour, réfugié dans mon atelier de la Plaine des Cafres, lorsqu'enfin je cède aux démons créateurs – où à la Muse créatrice ? – je sais qu'il sortira quelque chose de cet *« espas »*, espace clos de l'atelier, espace limité de la toile, mais aussi mon espace intérieur et intériorisé… En définitive, c'est dans cet instant de créativité que le mot *« espas »* prend tout son sens… *créole* : lieu vivant et vivifiant, où il se passe quelque chose, lieu de créativité par excellence… Et les racines captées, le temps fugace d'une photographie, deviennent une œuvre personnifiée, aux techniques mixtes. Le temps indompté de la création, je peins, dessine, colle, sérigraphie.

« Dans cet instant, comme le disait Picasso, *la main n'obéit plus au cerveau, mais à autre chose avec lequel on doit composer »*.

Alors les mains vont, viennent - l'esprit s'égare pour mieux s'enivrer d'imaginaire - le corps même se libère pour mieux recevoir… L'urbanisation bouillonnante et hétéroclite de la Chine,

---

[17] **Poète Voyant** : allusion à Arthur RIMBAUD

là où commence mon « *Tour des Origines d'un Nouveau Monde...* *made in China* » (2011). Mes yeux s'écarquillent, orbes teintés des couleurs des « *Origines d'un Nouveau Monde, made in India* » (2013), et, presque dans le cheminement informel de la sérendipité, émergent mes « *Polychromes* ». Amoncelés, entremêlés, maillés, les mokes[18], les ferblans[19], les boîtes, les tissus ou plastiques, les objets du quotidien cessent d'exister seuls pour devenir ce tapis-mendiant[20] de couleurs où chaque Réunionnais se retrouve et se reconnaît.

Et si la créativité n'était autre que ce maillage entre le réel et l'imaginaire ? Une osmose entre la volonté farouche de l'artiste et cette « *autre chose* » effleurée par Picasso et désormais nommée, sérendipité - sa jumelle ?

---

[18] **Moke** : boîte de conserve
[19] **Ferblan** : grosse boîte en tôle contenant souvent la graisse.
[20] **Tapis-mendiant** : patchwork : assemblage de chutes de tissus de couleurs diverses.

Kako est né en 1963 à Mont Vert les Hauts, île de La Réunion.

Amoureux de la nature et proche de la terre, il est fasciné par les arbres. Sur ses premières toiles, les arbres s'imposent, troncs dénudés derrière lesquels apparaissent des scènes de vie. L'exposition *Etadam* qui lui est consacrée en 2000, en duo avec Nathalie M, et le livre édité à cette occasion révèlent ce jeu subtil. Jeu de cache-cache ou distanciation, l'Arbre s'interpose entre le spectateur et des instantanés de la vie quotidienne ou de scènes inspirées de la mythologie, comme dans la série bleue de 2006. Son travail s'enrichit de sa rencontre avec l'artiste américain Hugues Weiss, dont la peinture onirique propose des voyages imaginaires dans le monde réel du rêve et du cauchemar. Les longs échanges dans l'atelier parisien avec l'artiste et sa femme, photographe, influencent sa peinture.

L'image de l'Arbre continue à occuper une place centrale dans sa recherche artistique. Arbre généalogique, Arbre à palabres, Arbre de la liberté, Arbre sacré… forêt de symboles. En 2008, Kako introduit la photo dans son travail. En insérant l'Arbre à l'acrylique sur des tirages photo de paysage urbain, de scène de vie dans les espaces publics, il met en évidence les contradictions de la mémoire image et du temps. L'Arbre nait, vit et perdure, personnage immobile, soulignant la schizophrénie de nos vies modernes. C'est ainsi que nait la série *7 jours à New York*.

En 2009, il rencontre Hervé Di Rosa, l'un des principaux

artisans de la Figuration libre, avec qui il noue des relations amicales. Son univers graphique très coloré le séduit et les différentes rencontres qui suivront influenceront sa démarche picturale.

Fil conducteur de ses créations, l'Arbre est aujourd'hui au cœur *du tour des origines d'un nouveau monde*. Kako a entrepris une série de voyages à la découverte des contrées racines d'un nouveau monde qu'est La Réunion. Il s'interroge sur l'idée d'un monde né récemment de la fusion forcée d'origines diverses, sur la construction de l'identité réunionnaise issue d'un métissage exceptionnel. De ses séjours en Chine et en Inde, il a ramené de nombreuses photos sur lesquelles il vient inscrire l'Arbre, représentation de la relation entre les hommes, symbole du lien entre le réel et notre imaginaire. Initié en 2008, les deux premiers opus de ce travail, « Le tour des origines d'un nouveau monde, Made in China » et « Le tour des origines d'un nouveau monde, Made in India» ont donné lieu à des expositions à La Réunion, à Maurice, à Madagascar, en Chine et en Malaisie.

EMMANUEL LAFLAMME

Pour moi, la créativité c'est la capacité de voir les choses différemment. C'est explorer sans cesse mes limites pour arriver à un nouveau point de vue. Comme artiste, j'aimerais que chaque nouvelle création soit une percée en territoire inconnu. Je ne vois pas mon parcours artistique comme un processus linéaire autant qu'une expansion en tous sens. Ça explique peut-être pourquoi j'ai tendance à prendre des virages inattendus d'un projet à l'autre.

Je ne suis pas intéressé à me répéter ou bien à répéter les autres. Si je réutilise une idée, c'est pour l'approfondir ou lui donner une nouvelle perspective. En parcourant de nouvelles avenues, je comprends mieux qui je suis et ce dont je suis capable.

Pour qu'un projet m'intéresse, il doit offrir une évolution quelconque: plus grande échelle, nouvelle technique, différent médium, endroit inusité, possibilité de travailler avec des gens intéressants. Plus le projet proposé implique des expériences nouvelles, plus je suis intéressé à y participer. C'est par l'expérimentation que j'apprends à me connaître comme artiste et comme personne.

Avec le temps, j'arrive plus facilement à tisser des parallèles entre ma vie artistique et ma vie personnelle. Si mon processus créatif et mes œuvres reflètent comment je me sens, le contraire est aussi vrai; mes créations ont un impact sur moi. C'est comme si mes œuvres finissaient par m'enseigner ce que j'ai besoin d'apprendre.

Certaines de mes œuvres m'ébranlent, particulièrement celles qui font référence à des croyances ou des conflits personnels.

Quelques fois j'ai peur de choquer ou de paraître ridicule à cause des sujets que j'aborde ou de la façon dont je les présente. Plus le sujet est personnel, plus j'essaie d'être vigilent dans mon approche, car je ne veux pas m'y perdre. Je veux que mon travail soit clair et accessible, car je créé toujours avec l'intention de communiquer un message précis. Pour cette raison, j'essaie constamment de me placer dans la peau des autres lorsque je créé mes œuvres.

La création est aussi un moyen d'ébranler le statu quo. J'aime prendre un sujet et le tourner dans tous les sens pour le redéfinir, le questionner et ne le reposer que lorsque je sens qu'il ne sera plus jamais le même à mes yeux

Selon moi, un des plus grands pouvoirs de l'artiste est de créer de nouvelles associations. En prenant quelque chose de familier et en le modifiant pour changer sa signification, on vient interrompre les pensées de l'observateur. Celui-ci doit s'arrêter un moment afin d'appréhender ce qu'il a vu. Cette façon d'infiltrer la psyché n'est pas très loin du fonctionnement de la publicité, je crois, sauf qu'on ne le fais pas pour les mêmes fins.

Un bon moyen de rester créatif est de nourrir ma curiosité sans cesse, en consommant la culture d'ici et d'ailleurs, mais aussi en m'instruisant sur les sujets qui me fascinent. J'adore regarder des documentaires de toutes sortes: artistique, scientifique, politique, économique, technologique, etc. En consultant différentes sources d'informations sur un même sujet, je me familiarise avec différents points de vues.

Le contraste qui peut exister entre deux opinions est souvent le point de départ vers une nouvelle œuvre. J'aime considérer sans discrimination des visons diamétralement opposées et les inclure dans mon travail. C'est un peu ma façon de montrer l'être humain dans toutes ses contradictions. L'observateur est ensuite libre de tirer ses propres conclusions.

Je ne créé pas pour choquer, mais plutôt pour faire rire ou réfléchir. Toutefois, je sais que certains sujets sont plutôt délicats et doivent être abordés avec précaution. Ce sont justement ces sujets qui me fascinent le plus, car ils représentent les limites à explorer.

Ma responsabilité en tant qu'artiste est de gagner la confiance de l'observateur, qui accepte de me suivre dans mon parcours. Pour moi, cette confiance se mérite en étant fidèle à mon instinct et en prêtant une attention toute particulière aux réactions des gens.

Mon but est d'amener l'observateur dans une nouvelle direction. Je veux le déstabiliser, l'amener à voir quelque chose de nouveau ou d'une façon différente. Idéalement, j'aimerais qu'il ressente quelque chose d'intense, au point d'avoir besoin de partager son expérience avec son entourage par la suite.

Une belle toile n'est qu'un travail bien exécuté si elle ne raconte pas une histoire. Ce n'est pas autant l'image elle-même que ce qu'elle représente, qui lui donne sa valeur. Selon moi, la personne qui achète l'art achète avant tout une histoire; que ce soit celle de l'achat lui-même, de l'artiste, de l'œuvre, de ce qu'elle représente ou bien du courant dans lequel elle s'inscrit.

Né en 1984 à Montréal, Emmanuel se rend vite compte que ses cours d'Art Plastiques ne lui apportent rien. Il lâche l'école et décide de se former lui même. Il passera des heures derrière son ordinateur, à apprendre les différentes techniques de graphisme et retouche photographique. Au début de sa carrière, il passe des journées sur un seul montage, mais voyant qu'avec les réseaux sociaux on diffuse de l'art aussi rapidement qu'on l'oublie, il simplifie sa technique et décide de se concentrer sur l'accroche visuelle.

Le jeune artiste réalise des montages où il assemble les symboles populaires afin de créer un nouveau message. Parfois, il reprend les chefs d'œuvres de l'Histoire de l'Art et les remet en contexte dans notre société actuelle. Bien sûr, les compositions de Laflamme sont à prendre avec un certain second degré : ses messages contre notre société de consommation, ne sont pas pour autant une mauvaise critique, puisqu'il s'inscrit lui-même dans cette dite société. La Vénus de Botticelli est remplacée par une Nintendo, Marie s'émerveille devant la naissance de l'iPad, et Krishna une divinité Hindou se shoote au Sunny D. Les dieux anciennement idolâtrés sont remplacés par les nouveaux dieux, ceux de la consommation. Apple, Coca, Nike, autant d'images qui font aujourd'hui parties de notre quotidien et pour lesquelles nous vivons. C'est ainsi que l'on retrouve Blanche Neige, Adam et Ève, sur le point de s'empoisonner en croquant dans la pomme d'Apple.

En utilisant des images déjà présentes dans la mémoire collective, Laflamme questionne aussi la notion des droits d'auteurs et d'authenticité : qui est à l'origine de l'œuvre quand celle-ci est un montage d'images préexistantes ? L'histoire marrante qui lui est arrivé, c'est qu'une de ses œuvres soit prise une œuvre de Bansky, puisqu'on y retrouvé le célèbre rat, autant prisé par l'artiste britannique que par Blek le rat. L'image a fait le tour des réseaux sociaux, sans que personne ne sache que le véritable auteur était le jeune québécois.

Au final, l'auteur de l'œuvre n'est pas important, ce qui compte pour Emmanuel, c'est la facilité de diffusion et de lecture de son œuvre. Parmi ses nombreux montages, on retrouve une image des Dents de la Mer, où les baigneurs fuient une invasion d'extraterrestres, ou encore un Darth Vador se prenant pour Hamlet, pendant que Jésus et le Père Noel trinquent autour d'une bouteille de Coca. Autant de scènes incongrues, drôles et parfois insolentes, mais toujours accessible à tout public. On sourit en regardant ses *mash-ups*, mais dans le fond on ne peut s'empêcher de se questionner sur notre propre consommation. Preuve avec ce « Just do it » , où l'artiste à collé le slogan de Nike, sur un fond noir et blanc, où l'on voit des ouvriers travailler à perte de vue. Il nous balance en pleine face, une réalité qu'Occidentaux préférons oublier.

Texte de Marine Cagnet

ELVIRA LASKOWSKI-CAUJOLLE

BEYOND PATHWAYS

In the beginning it is

The warm whiteness

Of swinging waves

Winding down to

The sighing sea

That captures her

Telling her

To follow the pathway

Along the river that

She thought had dried up

A long time ago

And go beyond

Her satin dreams

In the beginning it is

The light of unspoken words

Phosphorescent pearls

Glowing

With autumn colors

That frees her imagination

And she longs for something

More dark

More red

Like those lips…

She searches beneath the surface

Where all the blackness is hidden

Covered

To tell another story

The story of white

Painted over

The moments of passion

Dark hair cascading

Caressing her pale skin

Under a moonless night

Under a full moon

Meditating

Torn between black

And white fantasies

Fragile

Like the porcelain doll

She never wanted to be

She feels threatened

By the white sky above

The city

The light of a police car

As if she were

Trespassing

A private street

Where she never would live

Where she doesn't belong

Where she wants him

To kiss her and go

Beyond...

No, in the end

She is only dreaming

Looking in vain

For poets

Or pirates

In this painting of

Chaste alabaster

Born in Berlin, Germany, Elvira Laskowski-Caujolle has been living in Santa Barbara, California for almost two decades now. She studied mathematics at Technische Universität Berlin, Germany, where she graduated with an A.B.D. in affine differential geometry of hypersurfaces. She studied French literature in Germany at Technische Universität Berlin and Freie Universität Berlin as well as at Université François-Rabelais in Tours, France. In 1998 she earned her Ph.D. (summa cum laude) at the Institute of Romance Literature and Languages at Technische Universität Berlin.

For many years she taught French in Berlin and Santa Barbara (UCSB and Santa Barbara City College) as well as mathematics at Technische Fachhochschule Berlin, Germany, and since 2008 mathematics at Santa Barbara City College. Her research interest is largely interdisciplinary and reflects her passion for both fields, mathematics and literature.

Her research articles have been published in English, French and German. She also was the editor for various special editions about the French author and mathematician Jacques Roubaud. In 2002 she started writing poetry with some of her work published.

In 2005, together with her husband, artist and graphic designer Jack N. Mohr, she founded Artamo Gallery and later the publishing house Artamo Press.

JIMMY LESLIE

THE ORIGINS OF CREATIVITY;
HOW A KID FROM NEW JERSEY BECAME AN ARTIST

I've always believed that everyone is born with a certain sense of creativity; some more than others maybe, but we all have it and it can be fostered to grow in each of us. Now, I'm no scientist by any means so I've conducted no formal tests, but this theory of mine comes from using my artistic powers of observation and watching my own kids.

Think about it for a minute, all kids naturally create and have great imaginations. They don't need fancy art supplies. Give a kid a stick at the beach and he'll start drawing. Food? Sure, that'll work just fine for some ersatz sculpture supplies. Or how about some snow? Even we adults can't resist the magical powers of snowman making. However, there's a big difference between creating something and making something creative. That's where the fostering part comes in between adults and children. Unfortunately many adults teach the creativity right out of children. Don't color the cow purple; cows are brown or black and white! That's a tree? I've never seen a dog with wings, hmmm. Do it this way! These are all statements and questions we've heard before, maybe even while we were growing up. Many times these kinds of comments end up discouraging kids, suppressing imagination and driving them from the creative process. They end up as adults with little creativity who say things like "I'm not creative at all; I can't even draw a straight line". The lesson here is that encouragement and very few boundaries (if any at all) are important for kids to hone their natural creative instincts.

Now I have to say, I consider myself pretty lucky when it comes to having the old imagination stoked as a kid because there's a few creative boosting experiences that stand out in my early years. First, there was my paternal grandmother who didn't know a Picasso from a hole in the wall but she encouraged drawing. To be clear it wasn't that she was concerned about my artistic development or exercising my imagination, it was more or less to keep me occupied and to stop me from fidgeting. When I sat next to her in church she'd give me the little pencil from the pew that was used for filling out the donation envelope that went in the church offering plate. She'd then give me the church bulletin that had information about the service and weekly events so I could use that for a drawing surface. I always had plenty of room to draw on the back cover so when I think about it now there must have not been a whole lot going on in our church because the back of the bulletin was always blank. For a little kid, an hour of church can seem like an eternity, especially in the summer but drawing always helped pass the time (thanks grandma!).

Grandma also always had paper for me to draw on when I spent time at her house. She babysat kids in the neighborhood, so to keep everyone out of trouble my grandfather would bring home reams of computer printout paper from the military post where he worked. For the sake of my family name I should clearly state that grandpa didn't steal the paper, (he was honest to a fault) it was already used on one side and filled with syntax I couldn't understand. The best thing about this cheap paper is that each sheet was connected by a perforation and I could unfold it to create super long drawings. My imagination was freed by all the space where I would construct battles between tanks and fighter planes and other stuff that fascinates eight year old boys. Grandma didn't really pay any attention to what I was drawing and that was the best part because she didn't get in the way of my fun. None of my creativity was stifled by what someone else thought I should draw or what it should look like, i.e. no judgment which is a real creativity killer to a kid! Grandma also called the television the "boob tube" because she thought it was mostly "malarkey" in her parlance. Keep in mind; this was in the 70's before the proliferation of video games and 500 channels; what would she think now? There was less to distract us kids but grandma still kept TV to a minimum and I think it helped to keep my noggin from seizing up too much

Another situation that helped fuel my creativity as a kid was when my father asked me if I wanted to take art lessons. Like his mom, I don't think dad knew a Picasso from a hole in the wall either so it's very curious that he even posed the question to me. Even more strange is that I can remember standing in the bathroom watching him shave when he asked. I think I'm going to have to swing by his house or give him a ring and ask what that was all about. I don't know if he or my mom noticed that I was drawing a lot and that's where the idea came from but dad owned a few gas stations back then and a regular customer of his was a local watercolorist. The funny thing is I don't even remember being excited by the idea of lessons. He asked and I said yes, simple as that. I only took lessons for about a year before I quit. It wasn't that I didn't like the lessons, it was just that summer was coming and with it, baseball season. At nine years old I was still a ways off from realizing that I wasn't going to play center field for the New York Yankees and baseball held sway over art. My watercolor teacher told my mom that I was good and that I could be an artist someday. Personally, I think he told her that because he didn't want to lose out on the cash but regardless another creative seed was planted. This one just needed some more time before it could grow.

A third stand out experience came in the form of a wall. I had a fairly large bedroom that was all my own before my little brother came along. Dad built a wall down the middle to divide my domain in two but left it as unfinished sheetrock for quite a while. My brother spent his time crying, pooping and creatively covering his whole side of the room in baby powder one night. On the other side of the wall I was drawing. Drawing on a wall is normally forbidden, a taboo for sure but my parents allowed this major transgression that would cause horror for most folks; how Avant-garde! What freedom to do what other kids could not without fear of a smack to their backside. My parents may not have known it then but another creative seed was planted and it was their fault.

Fast forward a few years to high school. My creative output was mostly relegated to drawing on desks and my teachers sadly did not share the same view as that of my parents. I was a daydreamer in school. Like many kids destined to be artists, in whatever form that may be, I had my "head in the clouds" as they say. I didn't even know we had art classes in my school; sports and mostly goofing off was good enough for me. Somehow I managed to con my way into college and that's when all those creative seeds finally sprouted. I started off as a business major but took a drawing class as an elective. I remembered how drawing had once been something I did quite a bit and I wasn't all that bad either. I was even voted most artistic in my eight grade yearbook for whatever that's worth. In the drawing class I saw a cute girl across the studio during the first week. Like a puppy I followed her around a lot and when I got to know her I was impressed with the work she and the other art majors were producing. They were creating something out of nothing and the business classes which didn't interest me anyway suddenly became a whole lot more boring. I changed majors, my parents were supportive as always and I eventually married the girl.

Creativity is there, it's in all of us. Maybe it's dormant and just needs to be nurtured but it's there. I truly believe that a society is only as good as its creative people and their approach to creative problem solving. Creativity may be strongly linked to visual art, dance, theatre, music and writing but it's there in our best teachers and doctors and scientists and engineers like my son aspires to become. It's something that's passed on from generation to generation, so thanks grandma, thanks mom and dad and thanks Colleen (that's the cute girl in the drawing class).

Jimmy Leslie has spent his professional career as both an artist and an educator. He received his MFA from the Graduate School of Figurative Art of the New York Academy of Art where he focused on figurative painting. After almost 15 years of teaching in the Art & Design departments of Monmouth University, St John's University and Brookdale Community College, owning and running the Leslie Art Studio and also working with gifted students in the Monmouth County New Jersey Arts High School Program, Jimmy left the academic world behind. Jimmy is currently the Resident Artist/Director of the Fine Art Collective education program at ColArt Americas, Inc. in Piscataway, NJ. Colart is the North American distributor of Winsor & Newton and Liquitex art materials as well as other brands. As the Resident Artist, Jimmy takes part in the testing of new materials, supporting the marketing department with creative choices from an artist's point of view, creating murals at trade shows, video production and so much more that his days are never the same and that's just the way he likes it. As the Director of the company's Fine Art Collective education program he manages artists from all over the United States and Canada who perform demonstrations on the proper use of art materials at colleges and retails venues. In addition to the aforementioned responsibilities Jimmy also co-manages the Collective Art Tank of Asbury Park as a side project to his work as Resident Artist. The Collective Art tank is underwritten by Winsor & Newton and Liquitex artists' materials with the aim of offering art classes to the public and allowing art educators a free studio space in which to teach.

About his work, Jimmy says "It's important for all artists to continue to experiment in order to grow and I find myself moving in several directions simultaneously as I do so. Landscape provides me with the opportunity to capture places around me both near and far while offering the challenge of dealing with changing light. Figurative work was my first love and I continue to be intrigued by its complexities. Mixed media collage lets me explore the possibilities within the juxtaposition of found objects, while purely abstract paintings allow me to solely focus on the formal properties of paint that excites my senses. But regardless of my subject matter it's all really just an excuse to put paint on canvas, paper, or any other surface that interests me.

When I look at my surroundings it's color, geometry and composition that capture my attention in whatever form they appear. I sometimes find myself more interested in the process rather than the finished product. The love is in the labor of working with my hands and struggling to move, manipulate, and arrange forms until I find a resolution that suits my aesthetic sensibilities. Simply put I go into my studio with a very working-class mentality; I try to solve a problem with simple materials and hope that in the end I feel satisfied with a job well done".

IZABELLA MARENGO

IDYLLE : JOURNAL DE BORD (EXTRAITS)

MOT DE L'AUTEURE

Bien qu'il n'y ait aucune mention explicite à ce sujet, les joyeux personnages ici présents, parce qu'ils prennent soin des uns et des autres, n'hésitent pas à se protéger et utilisent le condom. Alors, ami(e)s lecteurs et lectrices, faites comme eux et amusez-vous en toute sécurité…!

Cette sensation. Espérée, anticipée, désirée tout autant que redoutée, crainte, détestée. D'abord, on se dit : « Qu'est-ce que je fais ici? Pourquoi ai-je voulu être ici? » Toute cette préparation, toutes ces heures intenses pour en arriver là. Le frisson envahissant; la respiration qu'on arrive avec peine à calmer. Tout ce qui nous entoure requiert de moins en moins notre attention, cette dernière étant trop sollicitée par ce qui se passe en nous. Comme si l'extérieur autour de notre personne nous dérangeait, nous troublait, nous éloignait de notre cible. Nous ne suivons que notre souffle. Notre corps en alerte, toutes cellules dehors. Et ce point au ventre, incontournable, dense, lourd d'une énergie contenue; une énergie sourde à tout et qui cloue le bec à tout : ni faim, ni soif, ni chaud, ni froid. Ici et maintenant, il n'y a que ça. Et lorsque c'est lancé, tout s'enchaîne avec joie, puissance, force brute. Les gestes, les mots, les sons comme des cadeaux offerts aux êtres aimés, des sacrifices aux dieux nouveaux; une renaissance de soi-même en perpétuel déroulement. Jouissance pure, précieuse et rare. Jamais le moment présent n'est aussi omniprésent. Nous faisons tant corps avec lui que nous faisons exploser, éclater toutes les dimensions de l'espace et du temps. Nous sommes invincibles, éternels. Et la chute, douce, presque imperceptible. Une suspension brève mais bienvenue, qui nous permet de soupeser le moment vécu. C'est le retour. Lumières. Applaudissements.

17 avril

CECI N'EST PAS UNE PIPE

Comme la répétition était loin ce soir! Tu as eu pitié de moi. En effet, plutôt que de m'abandonner au métro, tu as préféré me déposer chez moi. Il n'y a qu'en ces contextes de nombreux kilomètres que tu utilises ta voiture. À une distance plus raisonnable d'un point de vue humain, nous sommes à vélo, tous les deux. J'adore ces ballades de fin de journée, où tu me raccompagnes chez moi. En fait, je crois que tu es plutôt galant; ou bien élevé.

Je ne sais pas trop comment on en est arrivé là. À travers notre joute verbale s'entrecroisent les souvenirs d'enfance, puis d'adolescence, des anecdotes farfelues. Et puis des coups pendables. Et des paris. Ceux qu'on a déjà faits, ceux qu'on aurait envie de faire. Toutes ces histoires que tu me racontes me semblent totalement incroyables.

« Non, t'as déjà fait ça?

-Si, j'te jure…

-C'est trop drôle! »

Comment peux-tu faire des choses pareilles? Tu es pourtant si bien élevé!

Arrivée devant chez moi, je ne te quitte pas tout de suite car la conversation est vraiment trop emballante. Et excitante.

« J'aimerais ça t'montrer à quel point j't'apprécie… Et si j'te faisais une pipe ici?

-Ben voyons… T'es pas *game*!

-Combien tu gages que j'le suis? »

Je te fouts ma main au sexe. Tu sursautes. Car tu es si bien élevé…

« Descends ton siège!

-Hein?

-Descends ton siège, j'te dis! »

Tu t'exécutes pendant que je me faufile entre le volant et ton entrejambe que j'attaque aussitôt. Zip! Déboutonne. Déculotte. Je m'empare de l'objet du désir.

« Ma foi, quel engin! Comment tu fais pour cacher tout ça?! »

Tu es décidément trop bien élevé…

Je ne te laisse pas le temps de me répliquer. Du moins, pas avec des mots. Car je te masse déjà le périnée. Petit abandon. Je monte vers tes couilles. Tu sembles apprécier. Le massage se transporte le long de ton sexe fier, de ce sexe dont tu es fier. Bientôt, ma langue s'active par petits coups. Puis c'est la grande fournée : ta baguette hors de ta braguette dans ma bouche. Je te laisse te détendre au son de tes soupirs charmants et hop! Je t'ajoute et t'agite un doigt dans le cul. Tu commences vraiment à grimper haut et fort. Voilà que tu me donnes le rythme avec ta main! Merci mon chéri! Comme tu es bon! Tu permets que j'accélère? Tu vocalises bien là-haut? Ah oui!

Tu deviens fou! Tu as perdu le tempo! Je me réajuste, je repars.

Voici la coda! La grande finale! Non, non, non : tes supplications sont inutiles, ainsi que tes cris, car je sens déjà sous mes doigts les pompes de ta jouissance. Tu m'en mets plein la gueule. Trop heureuse de te savourer, de t'avaler, d'aspirer une part de ton talent si précieux…

On avait parié quoi déjà?

Mon entraînement de *Qi Gong* nourrit beaucoup mon expérience de vivre avec le moment présent. Je deviens plus attentive face à mes ressentis. J'aime aiguiser mon attention en suivant les émotions qui me traversent. Elles vont et viennent comme des eaux fluides et sauvages. Je deviens plus apte à faire des liens entre les événements que je vis, ce que j'en retiens, ce que je partage avec les autres. Mon petit monde intérieur, le monde extérieur, l'univers, tout ceci n'est qu'une seule et même chose; tout est toujours uni. Toute cette énergie qui se déploie et se manifeste de tant de façons différentes et diversifiées. Elle circule en nous, elle constitue notre vitalité, notre puissance. Du plus profond de notre ventre et de notre intimité, notre énergie de création prend sa source avant de s'expandre et de donner naissance à nos projets. Provenant du même puits, elle est la jumelle complice et incomparable de notre énergie sexuelle.[21]

---

[21] *Mise en garde : ces propos et cette façon de comprendre le Qi Gong n'engagent que la narratrice... et, oui, disons-le, un peu l'auteure aussi, tout de même...!*

CROQUIS À LA CAMPAGNE

Tu arrives chez moi à l'heure convenue.

« En tout cas, merci de poser pour moi. C'est vraiment *cool*…

-Ben, y'a pas de quoi. Ça m'fait vraiment plaisir…

-Mais j't'avertis : ça fait super longtemps qu'j'ai pas dessiné!

-À ta place, j'm'en ferais pas : ça s'perd pas ces choses-là. J'suis sûre qu'tu t'débrouilles bien… On va où, finalement?

-Au chalet familial. J'l'ai réservé pour l'occasion. Tranquillité assurée! Pis en plus, en campagne, j'trouve ça plus inspirant; pis en *char*, c'pas trop loin d'ici, ça s'fait ben…! »

À l'arrivée, je te donne un coup de main pour installer les choses dont nous avons besoin pour mener à bien la séance. Il est vrai que le lieu est vraiment charmant : c'est tranquille, chaleureux, bucolique à souhait. J'adore le contact avec la nature : elle me fait renaître, je m'y sens plus vraie, plus vivante… Plus sensuelle et offerte…

Nous sommes fins prêts. Nous amorçons la séance. Je laisse tomber mon peignoir au sol, je m'approprie le divan, les coussins.

Tout se déroule à merveille. Tu dessines plutôt bien, non, que dis-je, ton trait est absolument superbe, c'en est ahurissant. La chaleur de cette journée d'été et le vin me rendent langoureuse.

Pause santé. Surprise emballante!

« Des cerises! Mon fruit préféré! »

Les fruits, d'un rouge sanguin, ont la chair ferme, généreuse, parfaite. Nos lèvres, maculées de jus, n'en deviennent que plus appétissantes encore. Nettoyage buccal mutuel, voluptueux.

Voluptueux au point de nous embrasser encore. Et encore…

Nous reprenons la séance. Puis, entre deux gorgées de vin, tu viens ajuster une pose.

« Attends, bouge pas! La pose est vraiment belle, mais j'aurais juste un petit ajustement à faire… Si tu permets…

-Oui, bien sûr…! »

Avec précaution, tu approches ta main et replaces mon sein gauche. Onde chaude qui se poursuit alors que tu replaces aussi l'autre sein…

Après la séance, nous nous préparons un petit gueuleton. Avec cet album irrésistible de *Rachid Taha*, et surtout *Ya Rayah*, ma pièce préférée, ne pas se déhancher est impossible. Alors, nous nous y appliquons avec le plus grand sérieux, poussons bien à fond notre folie jusqu'au bout de la musique, de la bouffe et de la bouteille.

Comme ce serait bon de passer la nuit ensemble. Je trouve un prétexte pour justifier mon désir.

« J'sais pas c'que t'en penses, mais i'm'semble que ce serait plus simple de partager l'même lit, question d'se simplifier la tâche de rangement demain matin; on aurait juste un lit à refaire…

-Ah tiens, justement, j'pensais la même chose; c'est c'que j'allais t'proposer! Bon, ben, ok! »

Nous nous allongeons donc côte à côte, mais nous ne faisons que dormir.

Le lendemain matin, la tentation est trop forte. Tu es encore endormi. Je risque un coup d'œil voyeur sous le drap et j'admire avec joie ton dos et tes fesses dans toute leur nudité superbe. Je m'installe à côté, te tournant le dos, je fais semblant de dormir. Bientôt, je sens ton corps et ta verge au garde-à-vous contre moi; contre mon cul. Tu me grognes à l'oreille :

« Tu sais quoi? J'ai une idée fixe en tête…

-Ah oui? Hé ben, moi aussi…

-J'te gage que c'est la même…

-Aucun doute… Prends-moi… »

Avec précaution, tu t'enlignes et avec une langueur divine, me pénètres. Nous prenons nos aises, atteignons bientôt notre vitesse de croisière. Emportés par la houle. Avec intensité, tu jouis fort en moi, ton sexe en étau dans le mien.

DEUX C'EST BIEN, MAIS TROIS C'EST MIEUX

Nous sommes enchantés d'avoir pu obtenir cette entrevue à la radio. Nous avons vraiment apprécié notre expérience. Passionnés par ce spectacle que nous préparons et dont nous venons de discuter, nous décidons de profiter du momentum et de poursuivre dans cette veine pour la soirée qui s'annonce. François nous invite chez lui, car il voudrait nous faire répéter la version remaniée de notre duo/duel.

En effet, c'est indéniable, la coordination des mouvements avec la chanson semble plus naturelle et l'enchaînement n'en est que plus fluide. Nous mémorisons donc ces changements, nous reprenons quelques fois afin que le tout soit bien enregistré dans nos corps et nos têtes.

Soudain, une bonne nouvelle nous tombe dessus : François vient de recevoir un message lui confirmant la participation d'un commanditaire important pour le soutien financier du spectacle! Nous crions et rions de joie. Mais toutes ces émotions, ça creuse! Nous commandons des sushis, débouchons une bonne bouteille, trinquons au spectacle.

Est-ce le vin qui réchauffe ainsi notre bonne humeur et nos sens? François sélectionne et fait jouer de vieilles chansons téléchargées dans son portable. Nous commençons à danser plutôt joyeusement, de façon de plus en plus délurée. Tout à coup, changement d'ambiance : l'ordinateur se met à diffuser des ballades toutes plus langoureuses les unes que les autres. Tu me plaques contre toi et tu commences à m'aguicher en promenant tes mains longues et fines sur et sous ma robe, sur ma chair chaude, mon sexe ouvert…

François me vole à tes bras. Tu nous observes. Tu viens nous rejoindre. Je sens ton corps mince et élancé derrière moi. Tu kidnappes ma bouche de la tienne. Ton baiser est si voluptueux, je deviens toute humide. Je suis à votre merci. Je ne peux que m'abandonner à vos douces caresses et mes vêtements ne peuvent que m'abandonner. Vous me déballez comme un cadeau précieux et vous m'offrez le spectacle de votre mise à nu...

Offerte en amuse-gueule sur le canapé, je vous admire : vous, mes deux chéris, vos beaux corps et vos sexes respectifs et respectables. Vous vous approchez de moi. Nous nous caressons, nous embrassons. Vos verges se gonflent davantage sous mes mains. Je soupire de plaisir sous vos bouches exploratrices de mes seins, vos mains qui chatouillent ma chatte. Vous vous retrouvez, vous enlacez, enfiévrés. Vous vous glissez à mes pieds, vous vautrez dans vos caresses fébriles. J'ai droit à une charmante vision : un 69 on ne peut plus viril! Captivante performance qui commence à m'exciter au point que je ne résiste pas à me masturber.

Me voyant me caresser, vous revenez vers moi et chacun, vous vous emparez d'une moitié de mon corps. Tu te préoccupes de mon côté gauche, François, de mon côté droit. Je suis comblée par vos deux mains agiles sur mes mamelons et vos deux langues sur mon clitoris. Parfois, vous en profitez pour vous embrasser. Déjà bien excitée, mon orgasme puissant m'emporte avec fougue.

Tu pénètres mon sexe. Oui! Tu viens en moi. François s'y faufile ensuite. Une autre jouissance qui me gicle dessus avec toi, dedans avec François... Nous soupirons d'aise, alanguis et tout empêtrés dans nos fluides de plaisir. Une bonne douche s'impose!

Wow! Comme ta douche est grande, François! Assez vaste pour trois...

15 juin

LA LEÇON DE PIANO

Un après-midi d'été chaud, qui nous colle à la peau. Nous sommes assis au piano, un bel instrument à queue, d'un noir laqué, parfait. Tu m'interroges :

« Tu sais vraiment pas jouer?

-Ben non!

-As-tu déjà essayé?

-Oui… Mais j'arrive vraiment pas à faire deux choses différentes en même temps avec les mains! Comment tu fais?

-Hé bien… J'peux essayer de t'montrer…

-D'accord! Mais j'garantis rien!

-Ok! Mets tes mains sur les miennes pendant que je joue… Peut-être que ça peut t'donner une idée en sentant l'mouvement… »

Je suis installée dos à toi, entre tes jambes; en cuillère sur le banc de cuir rembourré. Mes petites mains sont posées sur les tiennes, grandes et fines, qui parcourent le clavier. Je sens ta respiration dans mon dos, ton souffle sur ma tempe… Ton sexe sur mon sacrum.

Alanguie par un désir puissant, je ferme les yeux. Suspension…

Ton souffle est chaud. Tes bras, lorsqu'ils se rapprochent, font se rapprocher mes seins, décolleté plongeant pour tes yeux. Ton bassin presse sur le mien. J'abandonne ma tête sur ton épaule, je creuse mes reins pour rapprocher mes fesses de ton sexe.

Ta bouche me dévore le cou. Mes mains s'échappent et caressent tes cuisses. La mélodie vacille, s'accroche tant bien que mal, dégringole tout à fait. Fin abrupte.

Tes mains s'aventurent sous ma robe, repèrent mon sexe déjà prêt. Brûlée par des tisons ardents, je me retourne face à toi, t'enfourche. Nous nous embrassons à pleine bouche. Arrachant nos vêtements, tu me couches sur le piano et me prends vigoureusement.[22] Les cordes de l'instrument se mettent à vibrer, d'abord par les touches enfoncées par mégarde, ensuite et de plus en plus par les sons de nos voix en cris et en gémissements. Harmonie improvisée. Modulation. Unisson. Tu ne tardes pas à jouir en m'inondant.

Transe pour deux corps pas faits en bois en Oui Majeur.

---

[22] *Attention, ne faites pas ceci à la maison... Aucune garantie sur la survie du piano après un tel assaut...*

20 juin

HABITEZ-VOUS CHEZ VOS PARENTS?

Nous voilà dans ta région natale pour deux jours dans le cadre d'une tournée de promotion. Ici, pas besoin de l'hôtel. Situation particulière. Coucher chez tes parents, dans des chambres séparées... Car comme il s'agit d'un secret bien gardé, interdiction formelle... C'est étrange, mais je retrouve cette sorte d'excitation que j'éprouvais, adolescente, face à une contrainte qui devenait inspirante.

À la fin de la journée, au moment opportun, on se donne le signal. Courriel de confirmation. Je traverse dans ta chambre. J'introduis ton sexe bientôt très ferme dans ma bouche. Évidemment, tout ceci en silence. Il ne faut pas se faire surprendre. Ce qui fait grimper l'excitation. On doit se couvrir la bouche pour contenir les sons. Retenir les gémissements et les cris de plaisir intense que tu me procures en nettoyant ma perle d'eau douce. S'embrasser pour éviter de laisser s'échapper la manifestation sonore de la fusion de nos deux sexes. Je retourne dans ma chambre. Ni vu, ni connu.

Le lendemain matin, c'est l'innocence en surface qui protège les petites mains baladeuses du déjeuner.

Nous avons rencontré tous les médias prévus à notre agenda. J'aime de plus en plus donner des entrevues. L'occasion de pouvoir parler du spectacle, de ce que nous portons à travers lui, du processus de création et de l'enchantement éprouvé au fil des enchaînements m'inspire et me stimule sans cesse.

Nous dormons une dernière fois chez tes parents. Et encore une fois, nous ne pouvons résister au désir de braver l'interdit.

Nous commençons par une petite joute de haïkus érotiques par textos. Un exemple :

« Un orifice

Qui fait office

De précipice

-Eve

Boit la sève

Sans trêve »

Et ainsi de suite. Puis, l'assaut final se décline par une invitation suggestive de ma part

« Est-ce que tu veux

Enfoncer ton joli pieu

Dans mon sillon creux? »

et par une réponse sans équivoque de la tienne

« Réponse de monsieur :

Ouiiiiii!! Je le veux! »

Tu viens me rejoindre dans ma chambre, une fois le signal donné. Baisers langoureux, caresses chaudes. C'est si bon... Mais il ne faut pas faire de bruit... Alors que tu es en train de me labourer généreusement tout en étouffant nos gémissements, des bruits de pas se font entendre dans le couloir. Ta mère. Qui t'appelle. Nous nous figeons, à l'affût de la menace. Nos cœurs battent, de peur. Elle continue à t'appeler, frappant à la porte de ta chambre. Non! Pourvu qu'elle... Nous songeons à une issue à prendre afin de sauver notre secret, lorsqu'elle retourne à sa chambre. Soulagement. Le désir nous reprend de plus belle. Nous concluons, mûs par l'adrénaline. Y aurait-il encore un bruit de porte, de pas feutrés dans le couloir? Je n'en sais rien, car mon plaisir frappe plus fort et je me laisse aller à lui, avec toi.

Nous nous retrouvons tous les deux pour déjeuner. Petit matin calme. Et puis, des sons qui ressemblent à des rires étouffés... Des soupirs... Des petits cris... Tu te bouches les oreilles.

« Ah non!! J'veux pas entendre ça!! Trop d'informations!!! »

J'ai de la difficulté à contrôler mon fou rire, surtout à voir la tête que tu fais.

Une porte s'ouvre. Bruits de pas. Ton père nous apparaît dans la cuisine.

« Salut les artistes! Passé une bonne nuit? »

Sans attendre de réponse de notre part, il poursuit.

« En tout cas, moi j'ai eu ben d'la misère à me rendormir en revenant des toilettes... »

Ses pupilles pétillent.

« C'est drôle... Comme si tout à coup j'avais plus l'goût de dormir... »

28 juillet

DÉJEUNER SUR L'HERBE

Nous sommes de retour de nos deux spectacles donnés dans la région où j'ai grandi. Mes parents m'ont invitée à bruncher à la maison avec François et toi. Mais auparavant…

« Les garçons, ça vous dirait de prendre un p'tit amuse-gueule en pique-nique? J'sais pas pour vous. Mais moi j'ai un p'tit creux… »

Le contact avec la nature éveille toujours mes sens et la région regorge de petits coins tranquilles, genre petites routes de campagne très peu fréquentées.

Bientôt, nous nous retrouvons nus. Vous vous jetez sur moi comme des affamés et me réglez mon compte bien vite; trop vite. J'étais si excitée que vos bouches ont appelé en peu de temps un orgasme puissant. Tour à tour, je vous pompe le dard, goûtant votre semence l'une après l'autre. Tiens, tiens, voilà que vous commencez à vous caresser, puis à vous prendre. Je profite de ce spectacle plein de virilité et de fougue. Ça m'allume terriblement. J'ai un autre orgasme. Vous vous approchez de moi et me voici doublement possédée et pénétrée…

Rein de tel qu'un petit remontant pour se ravitailler… Mais l'exercice au grand air ouvre l'appétit… Repus de nos émotions, nous sommes unanimes :

« O.K. c'est bon… Maintenant, allons bruncher… »

On revient saluer. C'est fou, toute cette énergie qu'on reçoit. Bien qu'ayant l'impression d'avoir tant donné qu'on se sent vide au point qu'il nous est difficile de concevoir tout recommencer le lendemain, c'est peut-être pour ça, et grâce à ça, qu'on peut envisager de renouveler l'expérience; et qu'on a envie de la renouveler...

Artiste multidisciplinaire, Izabella Marengo étudie principalement la danse contemporaine à l'*UQAM*. Après le Baccalauréat obtenu en 1999, elle complète la Maîtrise en 2008 et y produit un mémoire-création qui porte sur L'expérience du sacré pouvant être vécue dans le cadre d'un travail de création et d'interprétation en danse. Elle participe à des œuvres de danse contemporaine et performatives, à titre de chorégraphe et/ou interprète, au *Studio 303*, à *Tangente* et *in situ* lors de plusieurs festivals. Elle élargit ses compétences depuis 2013 en dansant pour la chorégraphe, danseuse et enseignante de danse Bollywood Deeepali Lindblom, et ce, dans diverses occasions et villes : Montréal (Festival Juste Pour Rire), Sherbrooke, Ottawa, Saint-Félicien. Elle participe à l'événement bénéfice Tarmac, à Rimouski, organisé par la compagnie Kukoo Garden, ainsi qu'au spectacle soulignant les 30 ans de l'organisme Artistes Pour La Paix, présenté dans le cadre des Coups de cœur Francophones édition 2014 au *Lion d'Or*.

Ainsi que le laisse voir son mémoire-création, elle s'intéresse au sujet de la spiritualité et danse au sein d'œuvres qui y accordent une place importante : Une célébration de la vie, pour la compagnie Missionn'Art, en 2002, présentée à l'*Aréna Maurice-Richard;* deux participations aux Journées d'Arts Sacrés du Plateau, dont le spectacle Montre-moi tes visages avec la comédienne Joséphine Héau, présenté en 2007 à la *Maison de la Culture du Plateau Mont-Royal;* elle collabore aussi de façon régulière avec Violaine Morinville entre 2007 et 2010 pour le projet Qi Motion.

Parmi ses récentes prestations à titre de chorégraphe/interprète, on note Ceci n'est pas du sexe (œuvre créée en collaboration avec Alain Carnier et Estelle Charron) présentée lors de la saison 2010-2011 à Liens et Lieux (production de Johanne Gour) au *Gésù*, et au Festival St-Ambroise FRINGE, version Montréal à *Tangente* et version Saguenay à la *Salle Marguerite-Tellier*; des extraits de l'œuvre Petites chorégraphies intimes présentés lors de la saison 2011-2012 à la cérémonie de la remise du prix de l'Artiste pour la paix de l'année 2012 à la *Chapelle historique du Bon-Pasteur* (une production de l'organisme Artistes pour la paix) et lors de Liens et Lieux *au Gésù*.

En 2013, elle danse pour Roger Sinha lors de la soirée bénéfice de Diversité Artistique Montréal qui s'est tenue au *Bain Mathieu*, ainsi que pour Johanne Gour dans la pièce Corps, qu'as-tu à me dire? du spectacle Treue Körper présenté lors du Festival St-Ambroise FRINGE de Montréal au *Studio multimédia* du *Conservatoire de musique et d'art dramatique*.

Entre 2001 et 2014, elle satisfait son goût pour la multidisciplinarité en performant à la fois comme danseuse, chanteuse et comédienne dans des spectacles musicaux de création et de répertoire : L'œil de l'Homme, à Montréal; Les Misérables, Death Karaoke au Bar des Morts à Montréal (*Centre d'essai de l'Université De Montréal*); Les héros de mon enfance à Montréal (*Centre Calixa-Lavallée*); Les Sœurs d'Eden à Laval, Québec (*Salle Multi du complexe Méduse*) et Montréal (*Salle Sylvain-Lelièvre* du *Cégep De Maisonneuve*); Maggie Blanche à St-Lin et Montréal (*Centre d'essai*). Durant cette période également, elle participe à deux récitals de chanson à la *Butte St-Jacques* aux Micros ouverts du Festival Phénomena à la *Casa del Popolo*, à une soirée en plein air à Ste-Thècle, ainsi qu'au lancement du recueil Crazy Brocoli de feu Jean Leduc à la *Médiathèque Gaétan-Dostie*.

Elle s'entraîne régulièrement en yoga (*Centre Sivananda de Montréal*) et en Qi Gong (*Studio Fragments Libres*).

Depuis ses études en Lettres au *Cégep De Lanaudière Joliette*, elle touche à l'écriture et à la chanson et continue à se perfectionner, entre autres auprès de Robert Léger, Marie-Claire Séguin, Jean-Luc Éthier, Domlebo et Gaëlle.

Elle est de plus une modèle d'expérience pour les Beaux-Arts, que ce soit les arts plastiques, le dessin ou la photo. Parmi ses employeurs réguliers, notons : le Cégep Saint-Hyacinthe (production théâtre), l'UQAM (départements des Arts visuels et médiatiques et de Design), le Cégep Marie-Victorin (Arts plastiques), Art Neuf, le Cégep De Lanaudière Joliette (Arts plastiques), l'Université de Montréal (Service des Activités Culturelles, départements d'Architecture et de Design), le Centre des Arts Visuels, l'école d'art Synstudio, le Cégep Dawson (Arts plastiques), le Centre communautaire et de loisirs Côte-Des-Neiges, le Cégep Bois-De-Boulogne (Arts plastiques et Animation), le Collège Marianopolis, le Cégep Lionel-Groulx (Arts plastiques et Option théâtre), l'Université Concordia (département des Arts visuels), le Centre des Arts Dollard, la ville de Longueuil (Centre culturel Jacques-Ferron), les municipalités de Ville Mont-Royal, Sainte-Thérèse, l'atelier du bédéiste Régis Loisel, les artistes Dominique Gaillard, Carl Duplessis, Simon Dupuis, André Pijet. En 2014, elle fut l'une des modèles de l'événement Le Grand Dessein aux Ateliers Jean-Brillant et la co-créatrice, avec José Dupuis, du happening de dessin Arrêt sur image, présenté dans le cadre de Nuit Blanche sur Tableau Noir (une production d'Odace Événements).

DAVID MERK

DICK

This story, like all true stories is based on lies.

My uncle Dick was a drunk. I don't think I ever saw him without a beer in his hand. Sometimes he would arrive at the top of our long country driveway in a cloud of dust. He would step out of his Jaguar with a half full can of Schlitz, chug it down, throw the empty back in the car, and then pull another one from his inside pocket. He always seemed to have another beer. He was larger than life, like a Hollywood gun that never runs out of bullets.

Once when I was 6 years old we visited my aunt, uncle Dick, and my three cousins in the city. They had an apartment on the third floor. Everything was going pretty well even though my cousin Carl was very bossy. At one point I needed to use the bathroom and for some reason the toilet bowl overflowed. Water was pouring out. I panicked. I flushed it again. It just got worse. I was crying, didn't know what to do. Dick came running in, saw the mess and freaked out at me. "Don't you even know how to use a toilet!" he yelled. The truth was that I didn't. I had not had much experience with flush toilets. Throughout my childhood we had always lived on farms in the country. We had only ever had outhouses, never indoor plumbing. For years after that visit to uncle Dicks I would have a moment of anxiety whenever I had to flush a toilet. I still do.

I was always terrified of him. He died when I was 8 years old. The story as I remember it is that he disappeared. It wasn't unusual for him to disappear, sometimes for weeks or even months. He always seemed to come back when everyone had given up on him. Once he came back just in the nick of time to save the lives of his three kids ... but that's another story. This time he went out alone on his boat. The boat came back but not Dick. I was still scared of him, even though he was presumed dead, even after they pulled his body from the harbour, even after I knew he was gone, I was still afraid of him. I still am.

Dick was a painter. Not an artist. He made paintings. If you had called him an artist I have the feeling he would have punched your face in. Even though he didn't want to be called an artist he made paintings, amazing, scary, beautiful paintings.

My father has one of Dick's paintings. It hangs in the addition where my father and his wife keep all their musical instruments. It's a sunny inspiring space set off from the main house, a creative space. The painting shows some kind of monkey or a devil sitting alone on a bar stool. He is blowing smoke from a cigarette. The light is coming in the window of the bar and we get the feeling that he has been sitting there drinking and smoking since the place opened, day and night, year after year. When you see this painting you can smell the spilled beer, stale smoke, old man farts, and whiskey piss. This is the kind of festering sore of a bar where nothing good ever happens.

As a kid I was fascinated by this painting, scared but intrigued. All those smells and sensations I could feel somehow from this artwork even though at that age I had never even been in a bar. I had never tasted beer. I knew that I was seeing into a world that I was too young to enter. It made me feel guilty but excited looking through that window that my uncle had opened. He had created a porthole through which I felt I could get a glimpse of the tortured, twisted universe he lived in.

To me the painting had always seemed unfinished. I wanted it to be more fluid, more controlled. I felt that not all the dots had been connected. Yet somehow it tells its story not by precision of detail but rather with what is not clearly in focus. We end up seeing much more than a collection of seemingly unresolved brush strokes. Our mind fills in the blanks like that old trick from the horror movies. It ends up being more intense, scarier, and more powerful when we cannot see the monster but instead only the face of the woman screaming.

We all have family legends. It's never clear how much of the tales are true or how accurate. When he was alive, my uncle Dick was a legend and he still is. The story goes that he burned all his paintings as soon as they were finished. No one could see them, in progress or completed. No one was allowed in his studio above the barn. They were never exposed in any exhibitions or shows. Very few examples of his work survive today. Sometimes his family could steal an almost finished painting when he was drunk or absent. There were some paintings found after his death. Most of what he created he turned to ash.

My cousin once showed me two Polaroid photos of Dick's paintings. I don't know where the paintings are or if they still exist. One was of a man holding a rifle standing beside a dead body in a coffin that is leaning against a wall. The other was of my father and his younger brother, my living uncle on that side of my family. This painting was showing them as young boys. There is someone else in the painting, perhaps it's Dick. I have no idea where those photos are now since my cousin is dead. My cousin Carl was a drunk and now he is dead too.

I wish more of Dick's creations were still around. I want to see them. I want to own them. I realize now though that these creations were never for us. They were for Dick. He made them for himself and the making of them was what was important. It was not the final result that mattered. The final result ultimately is ashes and dust. I cherish the experience of being exposed to the few examples of his work that I was lucky enough to see.

As I said before Dick never wanted to be thought of as an artist. Dick would say that 'artist' was just short for 'bullshit artist'. My father told me this many times. I believe that this contributed to the fact that, until recently, I could not think of myself as an artist. In the last few years I have let myself be called an artist. I have tried to become an artist.

The art I make is not going to change the world. Someone exposed to my work is not going to be profoundly altered. These are the facts. I know that I must not try to make art with these goals in mind. If I do go to the studio, if I do produce, if I do create, then that action will change my world. That action of creating is the only thing that can make change and that change can only be in me. I must try to be motivated by this and not the idea of a great show, a glitzy opening, or tons of sales. It's what we learn from creating something that really matters. From now on whenever I make something I will make it with the idea of burning it before anyone can see it. This idea of creation for the pure experience of making something is not a new idea. It is just an idea. Even though it could not save my uncle maybe it can save me.

Born in New Hampshire, David Merk was raised in rural Nova Scotia and studied engineering in Halifax. In the late 80's, he ran away from home, landed in Montreal and fell in love with the Plateau where he still lives. He has worked for many years as a glass engraver with artist Denis Gagnon and co-founded a Celtic stone carving business. Merk is now an independent commercial glass and stone engraver. In 2008 he accepted the notion of being called an artist and has been focusing on creating a more personal body of work ever since. Merk uses his art as an investigation of concepts such as death, consumption, waste, and impermanence. These serious topics are often seasoned with a whimsical dash of humour. His carvings are notable for their tactile nature and attention to detail. After having been represented by Gallery Zephyr for 5 years, Merk is exploring new opportunities for the diffusion of his message.

YEMISI OYENIYI

UNEARTHING CREATIVITY

Growing up, I internalized the erroneous belief that being creative implied that you were different from others. For a black West African girl surrounded by mostly white US American children in school, I felt different enough already with my dark complexion and my unusual name and embracing my creativity wasn't something which came easily. Even though my scientist father and educator mother encouraged and supported my musical pursuits, acting dreams and dance lessons, it was made clear to me that I was expected to become a doctor, lawyer or teacher and not a full-time actor, fashion designer or filmmaker, which I contemplated many a day dream. Somewhere between ages 5 and 17, I developed a belief that creativity did not belong to me in an active or serious way, like in the case of a painter, musician or actor. Still, throughout most of my life and from early as I can remember, my life has been filled with and surrounded by creativity and creative people. My childhood home was filled with traditional African and modern artifacts, a collection of musical instruments and my mother was not only a superb cook and home decorator, but she had a brilliant way of bringing people together and was known for throwing the best parties among her circle of friends. Writers, artists, professors and foreign diplomats were often in our home and impacted my world view in a creative way, albeit unconscious to me until years later.

In college, an economics professor, once told me that I should consider dropping economics and take up English literature as a major. He explained to me that I was an excellent creative and descriptive writer and that the English department would be more appreciative of my narrative writing skills. Instead of taking this as a compliment, I took it as a patronizing insult. Who was this old, white man to tell me, a young, black woman, to abandon a major that I was enjoying and in which I was achieving good marks ? Who was he to suggest that I was creative and better suited for the English department ? I interpreted his comments to mean two things. First, he was suggesting that creativity didn't belong in the field of economics and second, he was telling me that I wasn't smart enough to be in his department. I was also devastated, in part because he was someone I saw as a potential mentor, but mostly because he affirmed, to my disappointment, the long held belief that there are two types of people in this world; the smart ones and the creative ones. His comment suggested to me that a person couldn't be both and that I had to choose, except, he wasn't giving me a choice. He was telling me that I wasn't smart. Much later, I would come to accept my creativity, along with my academic prowess but not for another nine years. Not until a life changing event happened and catapulted me into a series of personal crises, did I reconnect with what the professor mirrored at me that day in his office.

"Whatever creativity is, it is in part a solution to a problem". This quote, from author Brian Aldiss, resonates with me very deeply and sums up my thoughts and experiences with creativity and the creative process. On August 1, 1994, my father, at the young age of 54, suffered a traumatic brain injury, or TBI, while driving in a car alone and went into a weeklong coma. At the time I was living and working in Freiburg, Germany. I had limited funds and was not able to return to the home of my parents, several thousand miles away. The guilt and helplessness I felt transformed itself into an avalanche of writing which lasted for several years. Essentially, the crisis brought on by my father's accident was partially reconciled through my re-discovery of writing. Oddly, during this time, I heard the voice of my former economics professor and this time, it sounded more supportive and even comforting. Writing in a creative way felt like some kind of "homing" ritual during this time and now, I feel creativity, in all its guises, to be the most profound congenital condition of the human experience. Recently, I made an experience which evoked a memory through creativity. I felt it like a flash of lightening rocketing through my being as it brought a spontaneous smile to my face and warmth to my heart in the same moment. I was in the middle of preparing an apple tart and was blending and kneading the flour and butter together. As the dough came together, I felt a shot of sheer joy pass through me like a wave and was immediately taken back to a childhood memory of the large and grassy yard where many hours of imaginative play were spent with my sister and brother. On this occasion, we were playing with our toy pots and pans, conjuring up all kinds of concoctions in our imaginary kitchen. As I continued to knead and form a smooth ball of dough, I remembered the feeling of dirt, earthworms and pebble stones passing through my hands and fingers. Creativity is a single and yet fragmented continuum of our greater consciousness and expresses itself in all living things in a cycle of reproduction and the genesis of life. From before the moment of conception, a single, fervently swimming sperm must struggle and push against the resistance of the outer layer of the ovum. Once it reconciles this struggle and settles into the egg's nucleus, the zygote must make its way to a spot along the uterus and attach itself for further negotiation. Dominant versus recessive genetic traits begin their reconciliation or exchange and once the 23 pairs of chromosomes are set, the growing embryo and its mother enter into a very fragile balance which culminates in the birth of an infant, where the final conflict is resolved between the parasitic fetus and the over burdened hostess. This is the beginning of the never ending creative process of life. Creativity is a force which exists with or without us but it lives in us at all times. We are born from creation and carry its essence deep in our DNA and in our souls. Through creativity, we connect with one another and our world. In this way, we make sense out of things which don't make sense. We solve problems and dilemmas. Creativity and Life are one in the same which is why we cannot escape it. Life is full of challenges and creativity resolves them. Creativity doesn't exist without life and life doesn't exist without creativity. It took me a long time to realize this truth and to understand that my creativity didn't just arise on its own and that it has always been a part of me, like a deeply primal and buried memory.

Born in Manhattan, New York to an American mother and a Nigerian father, I spent my formative years living in Nairobi, Oberlin, Lagos and the New York City area. I received my Bachelors of Art and Masters of Science in economics, art history and international history respectively from Kalamazoo College and the London School of Economics. Besides writing and film, I love literature, travel, cooking and recently discovered the world of foraging plants and mushrooms. I work as a private educational consultant and volunteer in my community as a passionate advocate for the arts. I currently live in southern California with my husband, Ralph, and our son and daughter, Tayo and Safi.

JON SHAW

This city is a haphazard collection of things. It's like a haystack, there are so many layers and minute, unimpressive components that ironically form something cool when lumped together. My accountant-friend once mentioned that "the whole is greater than the sum of its parts". Never has this phrase had more meaning then when I explore this compartmentalized city, in search of imagery that satisfies the urge to draw, paint, and reproduce something that's already there.

When I think of it, this is a redundant yet satisfying practice. A constant game of back-and-forth exists in my travels: home, work, studio, home. It's silly and amazing at the same time.

The brainstorming and idea generation isn't what happens during work hours or studio hours or however I spend my spare time, but when I'm adventuring between these venues. Observation is everything. Watching the city pulse, studying how its inhabitants contribute to a gritty landscape of concrete that I will fuse into a work of art. I will draw what they do, where they reside, and the marks they leave. I will photograph the colourful, foil-covered remains they leave behind. A mess of letters and colours and wasteful plastic inspires me. The trash that is left, and the places it is found, is disgusting. A part of me wants to clean these messes. If I do that, however, what imagery will I have left to take to the studio? I shrug this notion off, and continue on my journey.

Along the way, I find collections of stickers and bright colours on urban objects. Here people have left their mark on the back of digital crosswalk signs and street posts. The scribbles written on dumpsters are incomprehensible to me, but it is intriguing and colourful and therefore makes me happy. I take a number of pictures with my mobile phone. I will use these later as reference as I recreate the branding left behind by people and time gone by.

The advertisements I photograph give me thoughtful inspiration. They aren't exclusive to big company logos and billboards. See that phone booth? It's covered in ads: words, scribble, and scratches. This is the lasting legacy of a neighbourhood's messages and creativity. The sponsored posters made by graphic design shops have come and gone from brick walls, replaced by the next campaign. Ironically, the messages that remain are those applied by the unpaid (and perhaps unknowing) ad men.

The layering of time is rich in the city. The various handmade bits will resist poor weather and new condo superstructures. This is a scientific process, a metamorphosis, and a steady evolution. At one time, an object was pristine, shiny, new. A month later it seemed pretty much the same. Over time it changed. We didn't see these changes in real-time, just after-the-fact…like the growth of hair. In the end, the object has metamorphosis into an urban sculpture – and a testament to collective creativity.

I reach the studio and start to reproduce what I have seen. Removed from its source physically and contextually, I take ownership of it and do with it as I wish. I will carry it home with me, and draw it in a different part of the city. When it's ready, I will return it to the studio and add piles of liquid goo containing colour. This is what the people call "painting". Reference imagery glows on my smartphone screen, just like so many nine-to-fivers' devices on the Eight-Thirty Ferry. I like to think that I put a new spin on my phone's purpose by utilizing it as an artistic tool.

Time to work. I've settled on my subject. It's a street sign at a busy intersection. Day after day, it stands idle. I photographed it last week. I took a trip on the Number-Three with many others. Its presence is impressive. It's a beautiful bouquet of steel, letters and authority. Its colours, textures and shapes establish where I am. I document it from as many interesting angles as possible. I stand low, and walk around it with rapid bursts of "click, click" sounds that create images composed of ones and zeroes. This relationship is short-lived and intimate, and exists for a brief time before I make my escape. In my absence, the street post resumes its previous directional purpose.

I have a sanded and primed panel of wood, ready for my marks. I rearrange the ones and zeroes onto the wood. It makes a satisfying scratching sound. It brings great joy to my brain, it's like all the senses I can muster stand on end and wave their hands in the air and smile. It's an irresistible feeling that brings me back day after day. I draw more lines, overlap them, some in circles, some straight. This haystack of black lines will become a recognizable image? Absurd!

Slowly it takes shape, like patchwork. Bits here and there, I need to connect them! I run lines across the surface to join their neighbours. Some of these lines are quite thick and some are very thin. They blend together just fine! Reproducing digital imagery into a drawing feels hilariously backwards and archaic.

Time for some coloured goo. I mix some plastic-infused pigments with water to create a puddle of dark blue. As I dump it across the surface it spreads and flows on its own accord. It makes interesting shapes, it is a spontaneous reaction to materials and gravity. It dries. It stains the surface and reveals new interactions. My lines need to dance with these colours, so I draw on top as well. They meet and explore each other's presence. More layers join the party. Brush marks of different colour and stenciled dots join the mix. The layers build and the visuals become more complicated. I can't stop now – I need to thicken these layers to suggest the passage of time. Watching the piece build towards completion is like a living stop motion. I had no idea that time travel was so attainable.

The piece is now done. It looks like a dissection of the original image. My street post has been created with different materials and contains new energies. It is now smaller, and exists on a flat surface. There are no people around it. It has new lines, new colours, and new textures. The process of creating it is wonderfully reciprocal.

When so many layers, so much time, so much mental energy are expended on making this one thing it begs the question about what creativity is. Does it exist completely in my head? Is creativity the process of exploration, experimentation and documentation of our surroundings? Or is it the act of merely drawing and painting with black lines and colourful goo, and despite our best assumptions, there is nothing more to it then that.

I'd like to think that my creativity is a combination of the two. The act of exploring the city and reevaluating the mundane, common objects that we see everywhere is interesting to me. We're so used to them that they need fresh eyes and observation. Maybe this drawing is my sole purpose, my existence, my meaning. I don't think I will ever know. I also don't think I want to know. When I combine it with the observations I make it lends itself to new concepts and possibilities. Exploring is excitement. Exploring drawings, the city, and the possibilities of material combinations…

…Exploring my thoughts of how and why my creative friends and I do what we do…

Jon Shaw's work is an examination of city life and the various components that collectively define urbanity. A city is a very complex system and his art explores the structure, life and decay that holds it all together.

Jon creates art works by repurposing various traditional and digital techniques. His experience as a graphic designer and traditional artist allows for interesting combinations of drawing and painting techniques that are unique, heavily layered, and influenced by advertising, commercial branding and offset printing processes.

He engages modern imaging techniques to prepare subject matter. A huge collection of digital photos taken around the city is essential to the process. Snapshots of interesting urban structures are slightly warped and distorted in Photoshop. Next, Jon makes loose sketches of these images on paper, projects them to a large scale, and redraws them on wood panels with ink. This process gives the drawing an energy and life that the original photos lack.

The colour palettes Jon chooses are engineered from the same photographs of his urban travels. He documents stickers, logos and graffiti, which tend to accumulate as beautiful clusters. These images are broken down to simple colour palettes in Photoshop and used as reference material. This gives his work a surreal yet informed colour structure.

Just as new posters seem to grow upon old ones on a brick wall, Jon's work is dense in multiple layers of drawing and painting. He applies several layers of ink and several layers of paint, working back and forth to integrate them harmoniously. He finishes his pieces with dotted stencil highlights, referencing halftone-printing processes used in newspapers and package design.

The final product is a culmination of conceptual and technical approaches, urban experiences and observations, and a passion for new perspectives in painting and drawing.

Jon obtained his Bachelor of Fine Arts Degree from Mount Allison University in 2008. In school, he learned very traditional fine art practices, such as drawing, painting and bronze sculpture. After graduation he worked as a graphic designer in Toronto from 2008 - 2010, where he learned digital creative processes. In 2010 he relocated to Vancouver to expand his studio practice. This move was significant because in a new creative environment, and with a fresh set of traditional and digital skills, Jon was able to explore new combinations of concept and materials. His current style that combines ink drawing and acrylic painting was one development that happened on the West Coast. This was first applied on a large collection of animal studies, until eventually culminating into the city/urban themed body of work that he currently developing.

Jon has spent the past two years working in Vancouver 's Downtown East Side, an area notorious for blending artists, musicians and very affordable studios. Additionally, the area is quite gritty, and provides a wealth of interesting visuals to capture through art. Jon happily continues to work in various studios in the area so that he is able to explore and document the area that he considers to be the most vibrant in the city.

Jon was born and raised in St. Catharines, Ontario but currently resides in Vancouver.

OLIVIER STROH

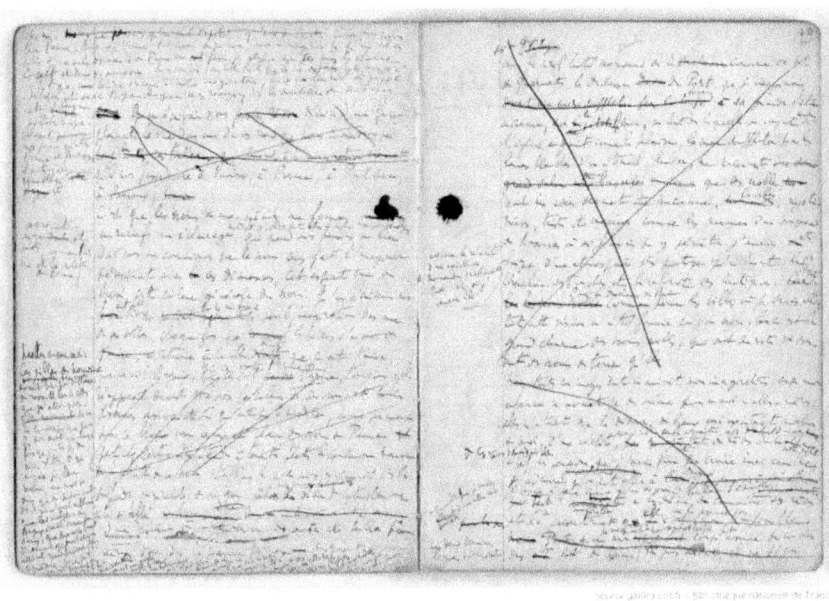

DE LA RECEPTION COMME CREATION

Dans le langage de la psychanalyse, Sigmund Freud a introduit le terme de « projection » comme un mécanisme qui désigne l'opération mentale par laquelle une personne place sur quelqu'un d'autre ses propres sentiments afin d'échapper à une situation émotionnelle vécue comme intolérable par elle. Hormis le but de cette démarche souvent inconsciente, il ne serait pas vain d'envisager la relation du récepteur à une œuvre d'art (picturale, plastique, littéraire, musicale…) à l'aune de la projection et d'étudier la relation entre le récepteur et le créateur comme un rapport d'égal à égal quand il s'agit de savoir qui crée l'œuvre. Le dictionnaire *Le Robert* donne comme définition du mot « œuvre » la définition suivante : « Ensemble organisé de signes et de matériaux propres à un art, mis en forme par l'esprit créateur. Œuvre qui manifeste la volonté esthétique d'un artiste, qui donne le sentiment de la valeur artistique (beauté, perfection…). » En se référant à cette définition, on voit que toute œuvre est un agencement de signes qu'il convient de décrypter pour comprendre une œuvre. Or, qui mieux que le récepteur peut effectuer une telle démarche et permettre ainsi à l'œuvre d'être pleinement créée ?

Dans son ouvrage *L'œuvre ouverte* de 1962, Umberto Eco définit ainsi l'œuvre d'art : « Message fondamentalement ambigu, une pluralité de signifiés qui coexistent en un seul signifiant ». L'auteur indique ainsi que toute œuvre, même si elle est achevée du point de vue de son organisation, demeure ouverte en ce qu'elle peut être interprétée différemment, par des récepteurs de culture, de personnalité ou d'environnement distincts, sans que sa singularité n'en soit abîmée. C'est le récepteur qui donne sa forme ultime et personnelle à l'œuvre, sans être contraint par une interprétation nécessaire induite par l'artiste ou par l'œuvre elle-même. C'est le spectateur, l'amateur d'art, le lecteur, l'auditeur qui crée l'œuvre *in fine*.

En histoire de l'art, le courant baroque est le mouvement artistique qui illustre le mieux cette idée. Selon Umberto Eco, « la recherche du mouvement et du trompe-l'œil exclut la vision privilégiée, univoque, frontale, et incite le spectateur à se déplacer continuellement pour voir l'œuvre sous des aspects toujours différents, comme un objet en perpétuelle transformation ». Par exemple, face à la peinture d'Holbein *Les Ambassadeurs*, le spectateur se retrouve devant une anamorphose qui fait de l'image une œuvre ouverte en ce qu'elle demande au spectateur d'être actif et de se déplacer pour apprécier l'illusion d'optique dont le crâne, en bas de la peinture, fait l'objet. L'anamorphose, « représentation volontairement déformée d'un sujet, dont le véritable aspect ne peut être découvert par le spectateur que sous un certain angle » (*Dictionnaire Hachette*), motif typiquement baroque, est une manifestation de ce qu'une œuvre picturale peut ne pas être fermée et demander au spectateur de devenir actif pour trouver son sens, l'interpréter, la créer. C'est en se déplaçant qu'il peut voir le crâne chez Holbein. Convoqué par le peintre à la réalisation de l'œuvre, il peut alors vivre pleinement l'expérience de l'art. Aujourd'hui, beaucoup d'installations contemporaines où le spectateur devient acteur reflètent cette intention : l'artiste laisse son œuvre ouverte en ce qu'il convoque l'imagination du spectateur à la poursuivre, à l'achever, à la créer.

Une œuvre n'est jamais finie au sens ou tout serait limpide dans son sens, expliqué dans son mécanisme, délimité dans son interprétation. Marcel Duchamp expliquait ainsi qu'il y avait autant d'interprétations d'une œuvre que de spectateurs. Ainsi, non seulement le spectateur crée l'œuvre en y participant lorsqu'il y est invité par l'auteur, mais il la crée aussi en l'interprétant selon ses références qui varient selon le contexte de réception et la culture du récepteur. Cette idée remet en cause l'intentionnalisme qui voudrait que l'interprétation correcte d'une œuvre d'art soit déterminée par les intentions de l'artiste. Au contraire, l'art est un langage qui convoque l'imagination au moyen de symboles : Cicéron y voyait une grande métaphore, du nom de la figure de style littéraire qui crée une image que le lecteur est libre d'interpréter à sa façon. Critiquant négativement l'art dans son texte du *Gorgias*, Platon ne disait pas autre chose, qui comparait l'artiste à un être qui promène un miroir le long de la réalité « en tous sens » et qui voyait dans l'art grec une tendance à privilégier le point de vue du spectateur sur le reflet de la réalité elle-même. Si on laisse de côté cette critique négative de l'art par Platon qui voyait l'artiste comme ne faisant qu'imiter l'apparence de la réalité en produisant ses œuvres, on voit que depuis l'Antiquité la place du spectateur dans la création d'une œuvre d'art est grande, irréductible, indépassable.

Il en est de même pour la littérature. Dans *Psychanalyse et littérature*, Jean Bellemin-Noël écrit : « Dans l'œuvre littéraire quelle qu'elle soit, qu'on la produise ou qu'on la consomme, on se lit d'abord soi-même. » C'est ce que Hans Robert Jauss a appelé « l'esthétique de la réception » dans son livre éponyme (1972-1975) où il explique qu'une œuvre littéraire se compose à la fois du texte comme structure donnée et de sa perception par le lecteur : la réception actualise l'œuvre et lui donne sens, ce sens pouvant changer « chaque fois que les conditions historiques et sociales de la réception se modifient ». A partir des travaux de Roland Barthes contre la critique positiviste qui cherchait à expliquer l'œuvre d'un écrivain à partir de l'autobiographie de celui-ci, le lecteur se trouve l'instance ultime qui peut donner sens à un texte. Dans *Essais critiques* (1964), l'auteur des Mythologies prend l'exemple de la *Recherche* de Marcel Proust comme matériau de sa démonstration et affirme ainsi qu'un lecteur n'a pas à chercher à savoir si Françoise, le personnage de la domestique de Marcel dans le roman, est ou n'est pas véritablement inspirée de Céleste Albaret, la domestique de Proust. Il revient au lecteur de voir dans le personnage celle qu'il veut, de l'apprécier en fonction de sa lecture du roman, de laisser de côté toute quête d'explication autobiographique ou autofictionnelle du livre qui l'enfermerait dans une explication univoque de celui-ci. Le rôle de la lecture n'est pas de révéler la vérité de l'œuvre mais plutôt de rendre compte du langage de l'œuvre et marquer ainsi la spécificité de celle-ci. Comme pour les œuvres d'art, Umberto Eco définit ainsi dans *Lector in fabula* (1979) la notion de « texte ouvert », qui ne cherche pas à imposer une seule lecture mais qui rend possible la « libre aventure interprétative » des lecteurs tout en en assurant la cohérence des interprétations.

A l'intérieur de la catégorie des œuvres ouvertes, Eco va même jusqu'à identifier celle des « œuvres en mouvement », matériellement inachevées, qui convoque encore plus le récepteur dans la création de celles-ci. Le *Scambi* de Pousseur en musique, les mobiles de Calder ou les travaux de Bruno Murani en arts plastiques, l'œuvre de Mallarmé en littérature en sont des exemples, qui laissent, par leur incomplétude organisationnelle, une large place au récepteur pour les créer et les recréer à nouveau à chaque rencontre, selon chaque culture, chaque personnalité. Mallarmé avait ainsi théorisé cette volonté de « créer un halo d'indétermination autour du mot » selon la formule de Eco : « Nommer un objet, c'est supprimer les trois quarts de la jouissance du poème, qui est faite du bonheur de deviner peu à peu : le suggérer, voilà le rêve. »

La conclusion pourrait venir d'un des chefs d'œuvre de l'histoire de l'art : avec *Guernica*, Pablo Picasso a offert au monde un tableau riche d'interprétations possibles qui varient et se contredisent également, même sur ses éléments dominants comme le taureau et le cheval. Lorsqu'on lui demandait la signification de sa peinture, Picasso répondait ainsi : « La peinture n'est pas destinée à décorer les appartements. C'est une arme offensive et défensive contre l'ennemi. Ce taureau est un taureau et ce cheval est un cheval. Si vous attribuez une interprétation à certains éléments de mes peintures, il se peut que cela soit tout à fait juste, mais je ne souhaite pas livrer cette interprétation. […] Je peins pour la peinture. Je peins les choses pour ce qu'elles sont. »

L'évolution de l'art au XXème siècle a donc remis en question la notion d'œuvre d'art comme produit accompli et fermé d'un savoir-faire. Ainsi, le critique Nelson Goodman en conclut qu'il fallait cesser de se demander ce qu'est l'œuvre d'art mais « Quand un objet fonctionne-t-il comme une œuvre d'art ? Quand y a-t-il art ? ». Tel est l'horizon nouveau pour tout récepteur qui cherche à interpréter de l'art et créer une œuvre de son point de vue : savoir quand un objet devient artistique parce qu'il fonctionne comme symbole ouvert.

Né en 1978, Olivier Stroh est enseignant certifié de Lettres modernes et rédacteur en chef adjoint du webzine culturel *Arts Livres* (artslivres.com). Enseignant, il mène un atelier de pratique artistique de théâtre en partenariat avec la Scène Nationale Equinoxe de Châteauroux, dans le centre de la France. Pour le site *Arts Livres*, il a interviewé aussi bien des artistes (Jean-Michel Othoniel) que des acteurs (Pascal Greggory, Cyrille Thouvenin, Bruno Putzulu), des hommes publics (Jack Lang) ou des écrivains (Hubert Haddad, Chloé Delaume). Diplômé de l'Université de Paris-Sorbonne et de Sciences Po Rennes, il a travaillé comme journaliste littéraire au magazine français *Lire*, sur la chaîne de télévision *Direct 8* et au webzine *Zone littéraire* (zone-litteraire.com). Ses travaux universitaires ont porté sur l'œuvre de l'écrivain du XIXème siècle Pierre Loti : question religieuse et philosophique, notions d'auteur et de lecteur, réception. Il est l'auteur de deux nouvelles publiées dans des revues littéraires françaises sur les thèmes du hasard et de l'écriture. Ses centres d'intérêt sont la littérature française contemporaine (Quignard, Delaume, Dantec, Bonnefoy, Michon, Echenoz), le mouvement littéraire de la remise en cause de l'illusion mimétique et le théâtre baroque.

MICHELE THEBERGE

1.

One of the reasons I like to paint early in the morning is because that's the time my mind is naturally most empty. No extra effort required to release accumulated concerns, irritations or frustrations of the day.

There are fewer to-dos or should-haves.

Then, too, the world around is more quiet and still.

When I prepare to work, I have a fixed idea of which paper or paint I'll choose, but I rarely know *what* I am going to paint.

Until I empty my mind.

I fill my water container and squeeze out some colors.

I settle myself at my low work table, seated on my meditation cushion. I close my eyes, and allow the first idea to come.

Once I have attached the thread my attention to the needle of this initial idea, the rest begins to flow.

As my hand moves to execute, this very movement loosens more thoughts and ideas in the brain. Idea after idea pours into my mind as I ride this gentle flow of attention, execution.

I am threaded to that inner knowing of what is next.

It is when I am working from this quiet mind that I also know when to stop and let the piece rest.

ll.

Sometimes, I notice a willfulness – a desire to push through – to finish a piece in a certain time frame or an attachment to a pleasing outcome.

Sometimes you simply must let the "bad" work have its moment, too. Many times I have to execute some clinkers before the gem emerges.

Sometimes many, many clinkers.

Yet, there may be times when it is appropriate to push through – when there is a deadline or when I am becoming too fussy and overly perfectionist about the final stages of a large installation. If I observe myself tweaking this and tweaking that in order to create changes no one but me discerns, I know it is likely time to finish it up.

III.

It seems the best stuff comes from emptiness.

This emptiness may frighten those who have yet to befriend it.

> *What if something really weird comes out of this empty mind?*

> *What will others say when they see how weird or unskilled or sexual or angry or nonsensical I am?*

> *What if I get so "empty" that I disappear?*

Philip Guston used to quote a John Cage:

> *When you are working... everybody is in your studio —the past, your friends, the art world, and above all your own ideas...But as you continue painting, they start leaving, one by one, and you are left completely alone. Then, if you're lucky, even you leave.*

I think every artist has experienced this at some time. This loss of Self.

One of the sweetest experiences I know.

We can cultivate it, we can encourage it but we cannot *will* it to happen, nor can we control it.

Stare at the walls.

Watch shadows migrate.

Invite your empty mind to join you in the studio.

Born in Brooklyn, New York, at the age of two Michele boarded an ocean liner with her parents to the UK. There, she lived in a 17th century stone cottage while her father studied economics. Her sister was born and a couple of years later the growing family returned to the United States. What followed was a peripatetic childhood encompassing in the cities suburbs of the Midwest, the West and the East coast of the United States.
She spent much of her early childhood reading, eating Girl Scout cookies, playing schoolteacher with her two younger sisters and filling sketchbooks with drawings of princesses, fancy ladies, puppies and cartoon characters with football-shaped heads.

During her senior year in high school she learned how to paint and discovered the burgeoning punk scene in Washington, DC. The DIY ethic of the punk world and passion for art and beauty were to become major influences.

In the early 80s, she moved to Boston to study at Tufts University a vague notion that she wanted to keep taking art classes while in college. She simultaneously studied French at Tufts and painting at the School of the Museum of Fine Arts in Boston. During this time she also studied in Strasbourg, France for a year, began to study yoga, and established an unwavering daily meditation practice.

Upon graduation, relocated to the San Francisco Bay Area determined to figure out how to keep painting and how to become a professional artist.

Struggling to overcome crippling self-doubts and mysterious fatigue in the studio led her to delve into the inner workings of creative process. She devoured every book she could on the subject and scoured interviews with artists for insights on what helped a person to keep up a creative practice and life.

Her painting continued to flourish, she began exhibiting and also teaching painting and drawing to others. She began to share her insights on what she considers the natural stages and unfolding of creative work that can shape and support all areas of our life. .

She became known for the quiet, meditative quality of her drawings, paintings and installations constructed from delicate and light materials such as paper, paint, fabric, mylar, foil and pins.

Alternately humorous, intimate and spacious or otherworldly, these works have been exhibited in various museums and galleries and art fairs including the San Francisco Museum of Craft and Folk Art, the Sonoma Museum of Visual Art, the Sharjah Museum of Art in the United Arab Emirates, the Fringe Gallery in Hong Kong, Pulliam Deffenbaugh Gallery in Portland and the Sakai City Cultural Gallery in Osaka, Japan.

She has been an affiliate artist at the Headlands Center for the Arts and a resident artist at the Morris Graves Foundation. Author of the book "Seven Essential Practices for the Professional Artist", she taught an online mentorship program to help both established and budding artists to created a grounded practice and satisfying career. In 2004, she earned her M.F.A. at the California College of the Arts in San Francisco.

People from around the world subscribe to her Saturday morning emails with a drawing and accompanying inspirational quote.

She lives in Oakland, California with her husband of 22 years and two cats and loves to cook fresh meals with produce from her garden. She still shares musings on the creative process each month with thousands of viewers on her youtube channel and at themindfulartist.com.

CREDITS PHOTOS

Eric Bolduc
Dessin : **Yogambara (semi-wrathful) avec consort Jnana Dakini***, feutre, aquarelle et gouache sur papier, 2013*
Portrait de l'auteur Eloi Desjardins

Gaelle Campos-Bérange
Portrait de l'auteure : Dan Popa

Joëlle Circé
Artwork: **Smashing Images***, oil on canvas, 30" x 40", 2013*
Portrait of the Artist : Dany Vleminckx

Christine Comeau
Photo de **Vagabond Stories** *par Sascha Roehricht*
Portrait de l'artiste : Christian Baron.

Cha Cha da Vinci
Photo-montage: Pierre Lamarche and Cha Cha da Vinci
Portrait of the author: Drew Mandigo

Simon Duplessis
Portrait de l'auteur : Simon Duplessis

Pamela Grau
Artwork : **Blue Horus***, Mixed Media, 18" x 21", 2013*
Portrait of the artist: Jeffrey Crussell

Pierre Issalys
Portrait de l'auteur : Françoise Issaly

Kako
Œuvre : **Kognman fonnker***, Technique mixte*
(impression sur toile, encres, acrylique), 97 x 129 cm, 2013
Portrait de l'artiste par Corine Tellier

Emmanuel Laflamme
Œuvre : **Creativity = Liberty***, techniques mixtes sur toile, 36" x 36", 2014*
Portrait de l'artiste : Félix Renaud

Elvira Laskowski-Caujolle
*Artwork by Michael Moon, **Beyond Pathways** No. 31 (2006) acrylic on canvas 60" x 48". Photo by Jack N. Mohr*
Portrait of the author : Jack N. Mohr

Jimmy Leslie
*Artwork : **Palms by the Pool.***
Portrait of the artist: Colleen Leslie

Izabella Marengo
Photo sur scene: Dimitri Rousseau
Portrait de l'auteure: Colette Bordeleau

David Merk
Artwork : Unamed painting by Richard Merk. Photo by Jakki Rogue.
Portrait of the artist : Françoise Issaly

Yemisi Oyeniyi
Portrait of the author: Yemisi Oyeniyi

Jon Shaw
*Artwork: **No Love**, Ink and acrylic on wood panel, 36" x 36", 2013*
Portrait of the artist: unknown

Olivier Stroh
*Photo d'une page du manuscrit de "**A la recherche du temps perdu**", roman cathédrale de Marcel Proust publié entre 1913 et 1927.*
Portrait de l'auteur: Thierry White-Saboulard

Michele Theberge
*Installation : **The sky touches every world**, Mixed media installation, 2014. Photo by Sibila Savage*
Portrait of the artist: Lily Chou

INFORMATION AU SUJET DES AUTEURS/ARTISTES
INFORMATION ABOUT THE AUTHORS/ARTISTS

Eric Bolduc :   www.ratsdeville.com

Christine Comeau : www.christinecomeau.com

Françoise Issaly : www.francoiseissaly.com

Kako: www.kako.re

Emmanuel Laflamme: www.quartertofour.net

Pamela Grau : www.pamelagrau.com

Jimmy Leslie : www.jimmyleslieart.com

David Merk : www.davidmerk.com

Jon Shaw: www.jonshawpaintings.com

Michele Theberge : www.micheletheberge.com

www.ingramcontent.com/pod-product-compliance
Lightning Source LLC
Chambersburg PA
CBHW071251250626
47163CB00002B/417